高校体育教学改革研究

刘景堂 著

中国纺织出版社有限公司

内 容 提 要

《高校体育教学改革研究》对我国体育教学的改革与发展进行了系统深入的探讨研究，提出了多方面的创新性见解。首先对高校体育教学的基础理论与思想发展进行了相关分析阐述，然后对高校体育的教学内容、教学方法以及教学设计等进行了全面分析，提出相关发展策略，最后针对当前高校体育改革发展问题创新性提出课外拓展教学策略。本书论述严谨，结构合理，条理清晰，内容丰富新颖，语言清晰流畅，可读性强，是一本值得学习研究的著作。

图书在版编目（CIP）数据

高校体育教学改革研究 / 刘景堂著 . -- 北京：中国纺织出版社有限公司，2020.12
ISBN 978-7-5180-7141-8

Ⅰ.①高… Ⅱ.①刘… Ⅲ.①体育教学—教学改革—研究—高等学校 Ⅳ.① G807.4

中国版本图书馆 CIP 数据核字（2020）第 003966 号

责任编辑：刘 茸　　责任校对：王蕙莹
责任设计：闫丽娜　　责任印制：王艳丽

中国纺织出版社有限公司出版发行
地址：北京市朝阳区百子湾东里 A407 号楼　邮政编码：100124
销售电话：010 — 67004422　　传真：010 — 87155801
http://www.c-textilep.com
官方微博：http://weibo.com/2119887771
三河市宏盛印务有限公司印刷　各地新华书店经销
2020 年 12 月第 1 版第 1 次印刷
开本：787×1092　1/16　　印张：9.5
字数：200 千字　　定价：59.80 元

凡购本书，如有缺页、倒页、脱页，由本社图书营销中心调换

前　言

当前，进一步深入发展高校体育教学是实现中华民族伟大复兴与建设中国体育强国的重要内容，是高校培养身心发展健康且具有良好社会适应能力的优秀人才和合格社会建设者的有效途径，这要求当前高校致力于教育改革和创新，摒弃传统高校体育教学的形式化，树立科学的体育教学理念，从体育教学内容、方法、设计、课堂拓展等多个层面深化体育教学改革，促进高校体育教学发展。基于此，特撰写《高校体育教学改革研究》一书，旨在促进我国高校体育教学改革持续推进。

本书以高校体育教学为研究重点，重视对构成高校体育教学这一系统的各个要素的分析和探索，致力于构建理想、有效的改革路径和办法。本书共分为六个章节，第一章首先对高校体育教学基础理论进行了分析阐述，内容涵盖体育教学论及其价值、体育教学与相关科学理论研究、体育教学的功能与目标、体育教学的原则与方法；第二章归纳、整合并探讨了高校体育教学思想的演变与发展，详细论述了建构主义学习理论、现代西方教学思想、现代人文精神与科学体育教学思想等主要体育教学思想；第三章、第四章、第五章三个章节为本书的主体部分，主要围绕教学内容、教学方法、教学设计三大教学要素探讨并得出高校体育教学改革路径；第六章创新性提出户外拓展教学模式，强调以体验性、参与性的户外教学模式突破传统教学课堂教学限制，打造适应于新时代大学生学习新需求、新热点的"潮流"教学平台。

整本书理论与实践有机结合，具有系统性和实用性等突出特征。首先，本书逻辑清晰、结构完整、内容系统全面；其次，本书的理论研究和改革发展创新基于当前我国高校体育教学现状，符合高校体育教学的发展规律和特点；最后，本书是在我国高校体育教学的改革与发展时期进行的科学研究，具有鲜明的时代特征。

本书在撰写过程中参考了许多专家和学者的相关书籍和资料，在此表示诚挚的敬意和感谢。由于时间和能力有限，本书难免存在不足之处，恳请广大读者批评指正。

作　者
2019 年 11 月

目 录

第一章　高校体育教学基础理论……………………………………………… 1
　　第一节　体育教学论及其价值 ………………………………………… 1
　　第二节　体育教学与相关科学理论研究 ……………………………… 5
　　第三节　体育教学的功能与目标 ……………………………………… 8
　　第四节　体育教学的原则与方法 ……………………………………… 14

第二章　高校体育教学思想的演变与发展…………………………………… 23
　　第一节　高校体育教学思想流变 ……………………………………… 23
　　第二节　建构主义学习理论 …………………………………………… 25
　　第三节　现代西方教学思想 …………………………………………… 28
　　第四节　现代人文精神与科学体育教学思想 ………………………… 32

第三章　高校体育教学内容改革研究………………………………………… 40
　　第一节　体育教学内容基本理论 ……………………………………… 40
　　第二节　体育教学内容的编排与选择 ………………………………… 45
　　第三节　体育教材化 …………………………………………………… 49
　　第四节　高校体育教学内容的发展与改革 …………………………… 52

第四章　高校体育教学方法改革研究………………………………………… 55
　　第一节　体育教学方法的基本理论 …………………………………… 55
　　第二节　高校体育教学之慕课教学 …………………………………… 61
　　第三节　高校体育教学之微课教学 …………………………………… 64
　　第四节　高校体育教学之翻转课堂教学 ……………………………… 80
　　第五节　高校体育教学之游戏教学法 ………………………………… 87

第五章　高校体育教学设计改革研究···103
　　第一节　体育教学设计基本理论··103
　　第二节　高校体育教学目标与组织设计··115
　　第三节　高校体育教学策略设计构想···119
　　第四节　高校体育教学设计的发展··122

第六章　高校体育教育户外拓展研究···125
　　第一节　高校户外运动课程开设与教学··125
　　第二节　高校户外运动的组织实施··132
　　第三节　徒步穿越与野外生存···138
　　第四节　户外运动急救知识··142

参考文献···146

第一章 高校体育教学基础理论

研究高校体育教学基础理论,是为了能够在教学过程中更好地实践、推动高校体育教学的进一步发展和改革。在此首先重点研究体育教学的理论基础,其内容涵盖体育教学论及其价值,体育教学与相关科学理论研究之间的联系,体育教学的功能、目标、原则与方法。

第一节 体育教学论及其价值

一、体育教学论概述

(一)体育教学论的概念

体育教学论与其他学科的教学论概念基本一致,即一门对体育教学现象、本质、规律、问题等进行研究和说明的学科。体育教学中的教师、学生、内容、目标、策略、方法、价值以及各要素相互之间的联系,都是体育教学论所要研究的对象。

(二)体育教学论的结构

体育教学论的结构首先可以分为理论与实践应用两个系统,在两个系统下再进行细致的分支划分,具体如图1-1所示。

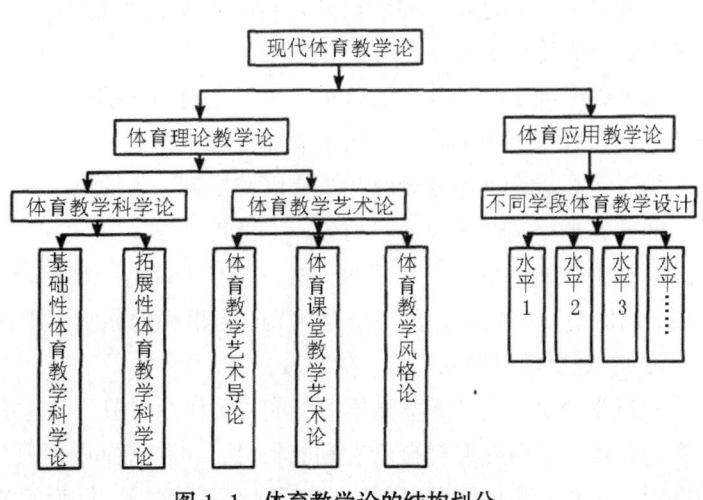

图1-1 体育教学论的结构划分

(三) 体育教学论的研究

1. 体育教学论的理论基础

体育教学论的理论基础是体育教学实践的支撑与基础条件，其研究基础主要包括以下几方面的内容。

（1）一元论

"一元论"是本体论的分支，它是主张世界只有一个本原的哲学学说，其自身主要分为两大类——唯物主义一元论和唯心主义一元论。唯物主义一元论肯定世界的物质为本原，唯心主义一元论肯定世界的精神为本原。

"一元论"一词由德国著名的唯心主义哲学家C·沃尔夫首创，到19世纪末，德国著名的哲学家海克尔将这一词语用于哲学领域，对此著做了相关文献，并创立了相关协会。

与"一元论"相对立的为"二元论"，它认为精神和物质本身就是两个完全不同的独立体，精神的本质是思想，它离开物质后可以独立存在，而物质的本质却不能是思想。除此之外还有"多元论"哲学观，其也是相对于"一元论"的不同表述形式。

（2）两分法

这里所说的"两分法"主要从"分类"与"划分"两种概念出发进行解释与研究，两者的含义若不进行细致区分，极易产生混淆。

"分类"是按照种类、规律、性质进行归类，它是对个体之间的相同属性与不同属性、相同特征与不同特征、相同规律与不同规律等的一种归类，其目的是使个体对象更有规律地形成一种集合。

"划分"是指将一个属性的个体对象分为若干种，被划分的个体对象称为"母项"，从母项下得到的划分称为"子项"，在划分过程中可以根据属性、方式、方法、原则等进行划分，简而言之就是对整体的划分。

总的来说，"分类"和"划分"通常会被一起使用，其结果基本无差异，但是在划分时要做到精确，就需要根据一定的规则进行：

第一，子项之间是独立的分子，相互之间不容纳；

第二，各个子项都是母项的组成部分之一；

第三，在进行具体划分时，需要以"根据"为原则；

第四，严格按照等级逐一划分，不可越级。

从以上分析可以看出，"两分法"相对来说是一种比较细致、科学的划分方法，它在划分时既尊重事物的特征与属性，又符合事物的原则与规律。

（3）观察学习理论

观察学习又称为"无尝试学习"或"替代性学习"，是指通过对他人的表现、行为、结果的观察，从中获取对自己有利的信息，再在大脑中对其进行整合、加工、辨析，从而实现自我调节和自我学习，形成自己的一种表现、行为的学习方法。

观察学习的概念 20 世纪 60 年代由美国心理学家班杜拉提出，在他看来，人们可以通过对榜样的模仿来学到复杂的行为反应及结果，所以在观察学习时不需要亲身体验，只要对榜样进行观察、接受并强化即可。

榜样可以是具体的人物，也可以是动物或事物等，此外，一些语言、影视、图像等，也可以作为榜样。具体来说榜样可以分为三类。

第一，具有生命特征的、活生生的人物；

第二，通过影视、书本、图像、符号等媒介所呈现出来的榜样；

第三，以语言或具体的形象化方式来将某个特点进行突出的榜样。

根据班杜拉对观察学习法的释义，可以将其概括为三种类型：第一种，即直观地通过观察榜样的行为示范；第二种，将榜样的动作和行为进行规律性和原理性的提炼；第三种，抓住榜样行为动作的核心特点，再与自身的行为动作相结合，并通过加工、修正以创造出属于自己的一套有效学习法。

通过分析研究可以看出，观察学习的过程可以分为四个过程，即注意过程、保持过程、动作再现过程、动机过程，具体如图 1-2 所示。

榜样示范 → 注意过程 → 保持过程 → 动作再现过程 → 动机过程 → 与之匹配的行为

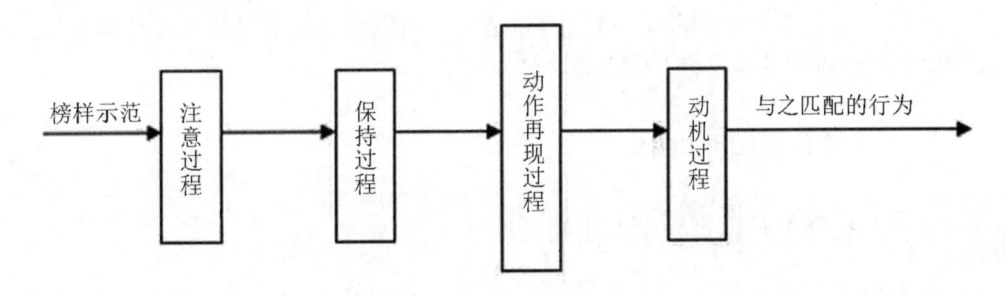

图 1-2 观察学习的过程

在这一过程中，榜样示范起到了非常重要的作用，而榜样要做到良好的示范作用，需要同时具备以下五个条件：

第一，榜样的示范要具有鲜明的特点；

第二，榜样的示范要便于学习者接受；

第三，榜样的示范要具有最基本的实践性和实效性；

第四，榜样的示范是自身真实的行为反映，并非出于某种目的；

第五，榜样的示范能与学习者在某种从层面上产生共鸣。

2. 体育教学论的研究对象

体育教学论所研究的对象及问题主要如下。

（1）教与学的关系问题

教与学的关系问题中，"教"主要是指教师"如何教""教什么"，"学"主要是指学生"如何学""学什么""为什么学"。所以说，对体育教学过程中教与学之间的关系研究，就是对教师和学生的研究，就是通过研究和探讨得出教学规律的研究。

（2）教与学的条件问题

这里所说的教学条件主要是指与体育教学相关的有形设施和无形设施，如体育教学场地、体育教学设施、校园体育氛围等。教学条件能够直接影响教学过程的开展和最后的教学成效，好的教学环境能够对体育教学起到推动作用，不利的体育教学条件则会使体育教学受到一定的阻碍和约束。

（3）教与学的操作问题

体育教学中的教与学的操作问题主要是指对教学过程所进行的设计，如对教学内容的选择、教学目标的设立、教学方式和策略、教学结果的评估、教学模式的运用等。

3. 体育教学论的研究内容

（1）理论部分

理论知识是实践行为的基础，良好的实践行为需要理论作为有力的支撑，在任何领域，对理论知识的研究与探讨都是必不可少的。在体育教学中，其理论部分的研究内容主要包括体育教学原理、体育教学因素以及体育教学的原则、规律、特征等。

（2）实践部分

实践是对理论知识的检验，在体育教学中，其检验方法可以从多个方面进行，如体育教学方法、体育教学内容、体育教学任务等。

二、体育教学论的价值

（一）有利于对体育教学本质的认识

在本质上，体育教学拥有着与其他学科一样的特性与价值，但从深层次来看它会显得更为复杂。首先，"体育"不单单是指以此为途径来增强身体素质的一种方式和手段，它还包含了一种社会文化现象；其次，"教育"通常是指教师与学生之间的一种信息互动、交流的过程。所以，"体育"与"教学"从本质上来看是相辅相成的，既不能单方面强调体育，也不能单方面强调教育，只有让两者形成一个系统的体系，才能有效发挥体育教学的价值。

（二）有利于对体育教学要素之间的关系进行辨别

体育教学涵盖了多个环节和因素，如教学目标、教学主客体、教学内容、教学方法、教学设计、教学环境、教学评估等，利用教学论来对此进行研究与辨别，不仅能够有效梳理各个要素环节间的关系，还能够让教师和学生对体育教学的本质有更深的认知和了解，保证体育教学活动的顺利开展，促使教师与学生共同从事教学活动。

（三）有利于对体育教学研究进行完善

随着社会及文化的不断发展，人们对体育的认知也开始逐渐发生变化，已不再停留在强身健体的认知上，体育教学所赋予的使命也不再只是帮助学生加强身心素质，如今还包含了学生意志品格的形成、思想品德的建设等多方面内容。结合体育教学论来对现代体育教学进行研究和改善，能够使体育教师的工作更有效地开展。

（四）有利于体育教学活动的顺利进行

国家之所以推行体育课程改革，是考虑到当前对于现代社会中的高校青少年来说，传统的体育教学方法及内容已经无法满足其学习和发展需求。传统的体育教学方法重在对知识的传播和技能技巧的传授，而现代体育教学则是以培养学生的综合素质为主。

体育教学理论可以促进体育教学的与时俱进，可以强化体育教学在改革过程中的规范性和系统性。此外，还能够对教师的教学方法给予一定的指导，使教师可以根据不同的教学阶段和不同的教学内容做出相应的选择。体育教学论还能够提高教师的体育理论基础，有助于教师树立科学的体育教学观，从而在实践教学中科学掌握体育规律和原则，对学生所反映的不同问题能够给予及时、科学、合理的解释，提高教师解决问题的能力。

第二节　体育教学与相关科学理论研究

一、体育教学与美育

（一）美在体育教学中的体现

建筑有建筑美，美术有艺术美，体育也包含了强大的体育之美。体育教学中的美多种多样，如精神美、形体美、情感美、协调美、和谐美、节奏美等，它们在不同的环节中都有不同的体现，其中主要体现在以下四个方面。

1. 教学环境的美

教学环境可以是室外操场，也可以是室内教室，从整体来说其所包含的内容既可以是场地也可以指具体的器材设施，并且这种美可以以多种形式展现，如场所的干净整洁、器材实施摆放的整齐有序、学生队伍队形错落有序、老师和学生仪表得体等。教学环境是教学活动的物质组成部分，好的教学环境不仅可以让学生从中感受美、享受美，还可以为学生营造良好的学习氛围，让学生在安静、和谐的环境中学习，提高学习效率。

2. 教学内容的美

体育教学内容是教学活动中的关键部分，体育所包含的各种美都蕴含其中。

体育教学内容中的美主要体现在两个方面：一是体育文化方面，如社会美、自然美、科学美；二是体育教师和学生在教学过程中的互动。不管以其中哪一种形式体现，都表明了体育具有鲜明的美学功能。教学内容的美除了体现在以上两个外在形式上，还体现在内在形式上，如师生吃苦耐劳的精神、坚强的意志、顽强的拼搏、高尚的情操等。

3. 教师和学生形态的美

教师和学生的形态美，主要是指教师仪表得体、对知识点讲述清晰有条理、动作示范规范协调；学生仪表朴素大方、能够规范地完成教师示范的动作等。总体来说，教师和学生的形态美就是指其言语谈吐、行为举止、仪表仪容等。教师和学生各自展示形态美，通过相互感染和影响，尤其是教师的形态美展示，能够有效地牵动和影响学生的学习表现。

4. 教学过程的美

教学过程是指教师的实践教学过程，即教师和学生和谐互动、学生个性得到发展、教师的教学过程完整、有序等。

（二）美学在体育教学中所起的作用

1. 培养学生的综合素质

搜集和整理关于体育教学理论的研究可以发现，在现阶段，不管是国内还是国外，从人文发展角度去论述学生综合素质培育的文献相当少。而对于当前高校体育教学来说，体育教学已经不只是对体育知识和技能技巧的传授，而更强调对学生心理、道德、思想、品质等多方面的教育和培养，致力于提高学生的综合素质，而这其中就包含了对学生进行美的教育。

2. 提高学生对美的情感体验

在全面培养提升学生的综合素质的过程中，学校逐渐对学生体育知识的传授、技能技巧的传授、思想品德的树立、价值观的形成等形成重视，但情感鼓励和个性熏陶方面的培养却稍显不足。所以，根据这一现状，教师应在体育教学过程中有目的、有针对性地培养学生对美的情感体验，不断丰富其精神世界和情感世界。

3. 能够使体育教学效应得到有效提高

体育教学效应与体育的美育功能发挥紧密相关，其主要表现在以下两个方面。

一方面，教师在备课时，可以提炼自己从体育教材中所感受到的有关体育的美的知识内容，并将其渗透到教学过程中，这不仅有利于扩展学生对体育美的认知，同时又显著提高了体育教学的成效。

另一方面，在体育教学过程中，教师的位置具有引导性作用，因此，教师可以通过适当的指点让学生进行创造性的学习，使体质、智力、情感、思想、动作、美学等方面获得提高与发展。

二、体育教学与德育

（一）体育教学与德育的关系

1. 德育的实现要以体育教学为主要途径

体育教学不仅仅重在育体、育美、育心、育情等，还重在育德。德育是培养学生道德养成的重要环节之一，在体育教学过程中注重学生的德育有助于学生形成健康、正确的道德观和价值观，同时推动体育教学任务的完成和教学成效的提高。在教学中具体可以采取不同的教学形式和教学内容，充分发挥体育教学的育德思想作用。

2. 体育教学质量的提高在一定程度上得益于德育

加强学生的德育教育，有利于提升体育教学质量，这是由于学生在正确认识体育教学的德育功能后，可以加深对体育教学的理解和认知，从而激发学习热情和积极性，有效推动体育教学活动的展开。加强学生的德育教育，不仅有利于学生的道德思想培养，更有利于帮助其树立良好的学习态度。

（二）德育对体育教学的影响

德育对体育教学影响显著，在具体的实践过程中主要体现在以下两个方面。

1. 对学生的全面发展有积极的影响

我国教育方针指出要实现学生德、智、体全面发展，使学生成为社会主义事业发展的建设者和接班人。所以在针对学生实施道德教育时，要充分注重理论与实践相结合，使学生的思想和行为、身体和心理等形成一致，不能只注重某一方面的教育和培养。要注重在德育过程中不断对学生的理想信念进行强化，使学生自身的任、学、行逐步统一，从而促进其体育实践能力和思想意识等的有机统一，使学生成为各方面都不断发展的栋梁之材。

2. 能够扩大学生对他人及社会的影响

现代社会是一个人才竞争激烈的时代，这就要求学生不仅要具备高超的专业技能水平，还需要拥有良好的心理、思想、道德素质。所以，加强高校学生的道德教育，有利于促进学生综合素质培养，从而使其适应于社会发展要求，在社会和国家建设中发光发热。

三、体育教学与人的社会化

（一）人的社会化概述

人的社会化，是指人类在接受社会文化的过程中，其自身行为和内在文化逐渐符合社会生存和交往的基础，它是人类特有一种行为，只有在人类社会中才能实现。

（二）体育教学对人的社会化的影响

1. 体育教学是培养社会角色的重要途径

在体育教学中，学生在体育活动中可以扮演多种角色，如运动员、裁判员、教练员、观众等，在不同角色模拟中，学生可以从不同角度理解体育环节的重要性，从而培养与之相适应的心理习惯和社会习惯。此外，学生根据教师动作示范进行练习的过程，其本身就是一种模仿过程，同时也是一种自我意识加强、提高社会适应能力的过程，有利于对学生的社会培养。

2. 体育教学有利于学生良好个性的形成

学生个体之间差异显著，而体育教学本身就是一个具有一定的空间开放性和时空转化性的活动，在这一活动中学生经常需要与其他同学相互沟通、合作、交流，学生在体育活动中可以充分展现自我个性，促进个体个性发展。体育教学的这种功能是其他学科所不具备的，对于学生个性培养具有显著效果。

第三节 体育教学的功能与目标

一、体育教学的功能

体育作为教育学科中的一个重要内容，除了具备与其他学科同样的教学功能外，还具备其他学科所没有的独特功能。总的来说，体育教学的功能主要体现在健身、健心、知识传播、技能发展、文化传承、美育等几大方面。

（一）健身功能

健身功能是体育教学最为基础的一项功能，它体现了体育的本质属性。对于高校体育教学来说，在经过漫长的实践与改革后，其课程规划、教学大纲设计、教材内容的选择、课时的安排、教学组织的实施等已经逐步科学化、合理化。具体来说，体育教学的健身功能主要体现在以下几点。

1. 促进学生生长发育

身体是体育教学活动最直接的载体和受益方，体育教学能够有效促进学生的生长发育。大学生正处于生长发育的黄金时期，经常参加体育锻炼的学生其身体素质通常明显高于没有经常进行体育锻炼的学生。经常参加体育锻炼可以有效地促进学生的生长发育，提高学生的健康水平。

2. 提高身体机能水平

体育锻炼可以明显改善人体的各项身体机能水平，如加快新陈代谢、促进骨骼发育、增强心肺功能、增加肺活量、增加肌肉体积、改善血液循环、提高免疫功能等。身体机能水平得到提高，学生的抗病能力和环境适应能力也会得到相应提高和改善。

3.全面发展身体体能

体能主要是指人体的力量、速度、耐力、协调、柔韧、平衡、灵敏等运动素质能力。身体体能一部分来自先天，另一部分来自个体长期以来所进行的体育锻炼和其他活动。体育教学能够有效增强学生各方面素质能力，全面发展身体体能，有效提高运动能力。

（二）健心功能

体育运动作为促进心理健康发展的有力途径，其功能价值主要表现在以下几个方面。

1.愉悦心情，减轻心理压力

有关科学研究表明，一定的体育运动会刺激大脑内啡肽的分泌，从而间接影响人的情绪，因此也有人称内啡肽为"快乐激素"。体育运动刺激"快乐激素"，能够使人感到轻松愉悦，有效缓解和排遣学习或生活压力。高校体育教学注重发挥健心功能，不仅能够排解学生在学习上的紧张、焦虑、不安、抑郁等不良情绪，更有助于让学生建立良好的心理状态，让他们能在复杂多变的环境中始终保持良好的心理状态。

2.提高自我效能感

自我效能是指一个人对自己所完成的学习任务或工作能力的主观评估，简而言之也就是人们能否运用自身能力去完成某项任务的自信程度。在体育运动中，学生必须要从心理上和生理上克服困难、磨练自己，让自己不退缩、不胆怯、不害怕，在体育运动中获得成功的体验感和肯定感，在心理上能够获得一定程度的认知，从而有效提升自我效能感。

3.锻炼意志品德

在体育锻炼中，学生必须完成一定负荷量的动作或技能练习，且需要长期坚持和循环练习，而这一过程能够有效培养和提升学生的意志力。此外，体育运动及体育竞赛的相关规则和秩序也有助于学生养成严格遵守纪律的良好习惯，这种规则感和秩序感一旦形成并固化为习惯和意志品德，就会有益于学生之后的工作和生活。

4.促进人际关系

大多体育运动都强调群体性、合作性、对抗性，如羽毛球、乒乓球、篮球、足球、排球等。这些需要沟通、交流和合作的体育运动有利于增进学生之间的人际交流，拓展学生人际交往空间，提升学生的人际交往能力，促进学生的人际关系。此外，当体育运动以集体形式开展时，学生在团体中会更加注重与其他成员的情感联络、协调合作、团结互助等，使自己得到更多人的认可，从而建立良好的人际关系。

（三）传播知识

教育是有组织、有计划、有目标的实践活动，它是一种需要教育者将知识、技能、道德、精神、科学等传授给教育对象的行为，是人类文明的绵延与传递。对于学校教育来说，知识传播就是培养人才、传播知识技能的过程。

体育教学的教学对象是学生，它是以身体活动为手段，使学生的身体素质和心理健康得到改善和提升的过程。从"教"与"学"的角度来看，体育教学更多的是一种"身体知识"的传播活动，这种身体知识从人类诞生之初就已存在，并在漫长的发展和变迁中得到传承和突破。早在远古时代，人类通过抓捕猎物维持基本生存时，就已经形成和掌握了走、跑、跳、跃、投、滚等一系列动作，这些动作经过不断地演化和改造逐渐形成了体育运动项目雏形，如蹴鞠、戏车、柔术、水球、赛马等。直至现代社会，体育知识的传播已不仅是指某一具体运动项目的传播，同时还包括了技能技巧、心理健康、意志品格等内容的传播，它能够让学生掌握更为全面的体育知识，有效促进学生综合素质能力培养和发展。

（四）发展技能

体育技能是指由各种理论知识、技能技巧、身体素质相互组合形成的一种综合技术能力，如一个人的敏锐观察力、迅速反应力、良好记忆力、良好接受能力、灵活协调力等。

在远古时代，运动技能相当于生存技能，人们必须具备一定的运动技能以维持生存。而在现代体育中，运动技能对人体的要求已经改变，其主要强调的是技能和技巧的提高。研究表明，通过适当的体育运动锻炼不仅能够有效提升身体素质，同时还能有效培养技能技巧。

在高校体育教学中，教师体育教学活动的开展以教学内容为依据，必须结合自身教学经验向学生进行理论知识和技能技巧的传递。其中，技能技巧的提升是其教学的最主要内容，要求教师引导学生在不断的实践过程中长期反复练习并内化知识技能。比如在足球运动的传球技巧教学中，教师可以将传球技巧学习分为短距离传球学练和长距离传球学练两大方面展开练习，甚至可以细致到内脚背、外脚背、正脚背射球技巧学练。与其他学科不同的是，体育教学不仅要使学生对理论知识有着深刻的理解，还需要学生经过持续性、长期性的身体练习，在大脑和身体反应上形成对技术的表象反应，最终形成一种条件反射并能做出正确的动作反应，由此显著提升运动技能技巧。

二、体育教学的目标

（一）体育教学目标的概念

从教学目标的本质上来看，其主要是对教学活动的一种预期，是对学生在通过教学活动后所产生的变化或发展的一种目标导向。

体育教学目标的建立是根据最终要达到的教学目的而提出的预期成果，这个预期成果可以按照阶段性来确立，也可以根据总目标来确立。体育教学目标既是一种预期成果，也是一种未达成成果，它对最终要达到的教学成果起到一定的导向性作用，能够引导教师和学生为了实现目标而共同努力。

体育教学活动是围绕体育教学目标而具体开展的，体育教学目标的科学性、合理性、实效性直接决定着教学过程的发挥和成效，因此对体育教学有着十分重要的作用。

（二）体育教学目标的层次

若将体育教学目标视为一个整体，则可按照目标的大小、长远对其进行不同层次的划分。可以说，体育教学是由各个小目标的共同搭建，从而形成最终的总目标，如图1-3所示。

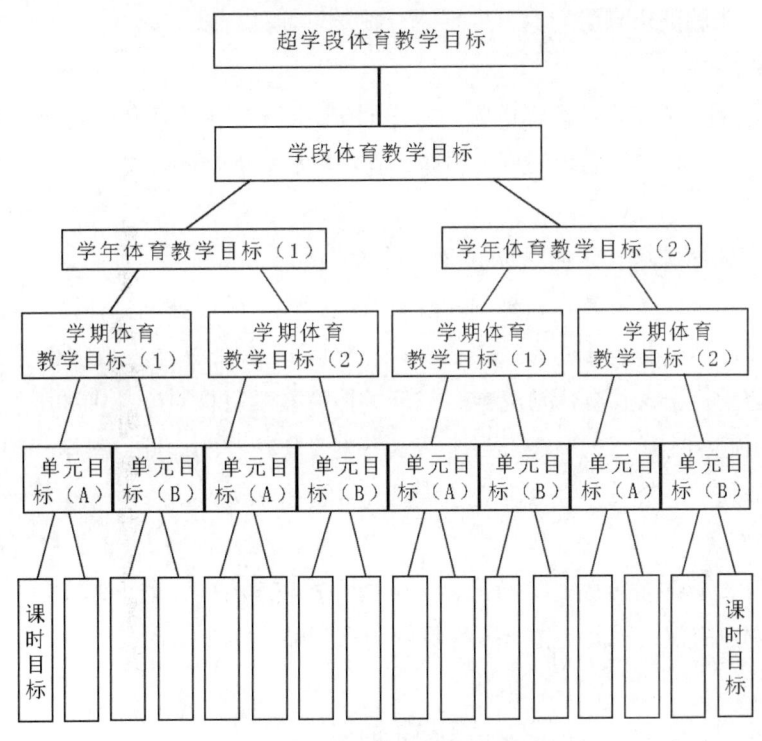

图1-3 体育教学目标的层次划分

将体育教学目标划分为不同的层次后，应仔细考虑各不同层级之间的上下位层次关系及其功能特点，具体如表1-1所示。

表1-1 各层次教学目标解析

目标层次	目标功能	目标搭载文件
超学段的体育教学目标	与其他学科相对比的体育学科的定位目标	国家教学文件、体育教学论著
各学段的体育教学目标	大、中、小学之间相对比、相衔接的体育教学策略性目标	各学段教学文件、学校体育教学规划

续 表

目标层次	目标功能	目标搭载文件
各学年的体育教学目标	针对学生身心发展状况和需要的体育教学发展性目标	学校和体育教研组的教学计划
各学期的体育教学目标	学年体育教学目标的分割	体育教研组的教学计划
各单元的体育教学目标	依托各运动项目学习、特性制定出的教学目标	主要是各个担任教师的教学进度
各学时的体育教学目标	依据单元计划的逻辑分割出来的目标	教师的教案

（三）体育教学目标的特性

通过进一步的剖析和研究，可发现体育教学目标具有以下特点。

1. 前瞻性

教学目标是为了对教学活动的方向做出明确的导向，以体育教学活动现状为基础所作出的预见，作为对教学活动的一种预期，它具有显著的前瞻性。

2. 曲折性

无论是在任何领域，任何目标从确立到实施再到完成都会遇到一定的阻碍，体育教学目标也同样如此。体育教学目标的实现具有曲折性，所以在确立体育教学目标时，其目标设定不可过高，也不可过低。过高的体育教学目标将无法激发教师和学生的积极性，使师生信心遭受打击，目标无法完成；过低的体育教学目标对于教师和学生来说轻松易实现，难以引起学生学习的兴趣和对学习的深度钻研精神。因此，科学合理的体育教学目标对于教师和学生来说，应当是通过共同努力能够实现的。

3. 方向性

体育教学目标的设定就是为教师和学生指明教与学方向，告诉师生教学应当达成一个什么样的学习成效，因此，体育教学目标具有明确的方向性特点。

4. 终结性

体育教学目标是对教学活动要达到结果的期待，具有一定的终结性，其终结性并不是说最终的体育教学成果，而是指单个或阶段式的体育教学成果。

（四）体育教学目标的制定

1. 体育教学目标的制定依据

（1）体育目标与体育课程标准

体育课程标准是国家和教育部对课程性质的定位与要求，它是体育教学目标制定的主要依据之一。体育课程标准有利于体育课时安排，如对高校体育的课时安排通常为每周 2 节。

（2）全面发展的素质教育要求

现代体育教学理念是向学生传授体育知识、技能技巧，增强学生体质锻炼和心理健康，培养学生道德意志品质。可以看出，学生的综合素质培养是体育教学的最终要求。因此，在制定体育教学目标时，可以根据这一要求将分析力、想象力、思维力、判断力、灵敏度、协调度以及德、智、美等方面都纳入体育教学目标中去，依次有效培养和发展学生的综合素质。

（3）学生身心发展的特点与规律

学生是体育教学的直接对象，在制定教学目标时就务必考虑到学生的身心发展特点与规律。例如，不同性别的学生其身心发展特点有所不同，男生的肺活量比女生的肺活量成熟时间要晚1～2年。此外，即便是同年龄段的学生，其身心发展也会有所区别，如身高和体态方面。

（4）学生的体育学习兴趣与需求

当前体育教学必须要充分体现学生的主体地位，因此在体育教学活动中应考虑学生兴趣与需求。基于学生兴趣与需求的体育教学目标能够有效激发学生对体育活动的积极主动性，同时，也可以促使教师和学生为体育教学目标和体育教学成果努力，使目标和成果更容易实现。

（5）体育教学的实际条件和可行性

体育教学的实际条件对体育教学目标的实现起到约束作用，因此，在制定体育教学目标时，应当根据现有的教学场所和设施器材进行目标设定，使最终的教学目标具有一定的可行性和实效性。

2. 制定体育教学目标的要求

（1）层次性

从体育教学活动本身来看，无论是动作技术的完成还是道德情感的建立，都不可能一蹴而就，它是一个从低级到高级、从简单到复杂的过程，这种层次性是教学活动的本质规律，也是制定教学目标的基本要求。

（2）连续性

体育教学目标和体育教学成果由多个子目标搭建而成，子目标可以是多种形式的，如阶段式、学时式、单元式等，它们既保持独立，又相互关联，环环相扣，上一个子目标的实现衔接着下一个子目标，使最终目标顺利实现，形成一个连续性的体系。

（3）可操作性

之所以制定体育教学目标就是为了顺利地完成体育教学，所以最终制定出的体育教学目标若成为一种"形式主义"或"空谈"，毫无实际可操作性，那么教学目标则显得毫无意义，因此教学目标务必具有可操作性。

3. 制定体育教学目标的程序

（1）了解教学对象

学生是教学活动的主体，是教学目标实施的直接受益者，因此制定体育教学目标必须要全面考虑学生主体，应深入、全面分析学生的身体素质基础、知识掌握程度、不同的学习态度、以往的学习成绩，从而制定出合理的、有针对性的体育教学目标。

（2）分析教学内容

体育教学内容是制定体育教学目标的依据，只有全面、仔细分析体育教学内容的要点和重要环节，才能在制定体育教学目标时把握关键点，实现教学内容和教学目标的无缝对接。

（3）编制教学目标

在制定一个总目标后，又可以根据"单元"或"课"的具体内容，进行小目标的细分，最终逐渐完成编制的教学目标。

第四节 体育教学的原则与方法

一、体育教学的基本原则

体育教学原则是指在体育教学过程中，必须要遵守的规则与要求，它是通过长期的实践教学所形成的总结性经验，是对体育教学规律的一种认知和把握。在教学中只有遵循规律性原则，才能使教学活动有序进行。

（一）专项教学原则

1. 基本依据

体育教学项目广泛，内容繁多，其内容或项目并不一定适用于所有学生的身心发展需求，因此，教师在开展体育教学时，应当根据学生的身心发展特点，有针对性、有选择性地开展体育教学活动，使学生的基本身体素质得到提高的同时，运动专项能力和运动水平也得到大幅度的提升。

2. 基本要求

体育教学的基本要求，是指在培养学生基本的体育动作时，还要优先发展学生的其他运动能力，如平衡力、知觉灵敏度、协调度、身体感知等。以足球为例，其场地和器材是运动过程中进行感知训练的重要环节，其中脚对球的力度控制是足球教学中的关键环节，因此，足球的发球和射门即可以作为足球运动中优先培养的能力。

（二）因材施教原则

1. 基本依据

因材施教是指根据学生个体之间的共性以及差异性进行有针对性的教育。共性是指相同年龄阶段，学生在身心发育上所表现出的普遍性和稳定性；差异性是指学生在性别、生长环境、教育水平、知识基础等方面的差距和分别。教师在进行选材教学时，若不考虑学生的个体差异，将不利于部分学生的身心发展。

2. 基本要求

（1）引导学生正确认识自己与他人的差异

在这个世界上，没有完全相同的两片树叶，同样也没有完全相同的两个人，每个人的优势和天赋都各有不同。在体育教学过程中，教师要想正确引导学生认识自己与他人的差异，首先必须要仔细了解学生的个体差异，这样才能帮助学生分析差异存在的客观原因，从而引导学生正确去面对它，接受它，改变它。

（2）深入细致地研究和了解学生之间的差异

要细致了解和研究学生的差异性，可以通过多种方式实现，如一对一谈心、座谈交流、问卷调查等，弄清楚学生差异主要表现在哪些方面，是身形体态方面，还是兴趣爱好方面；是学习基础方面，还是学习态度方面等。由于学生本身就是一个不断变化发展的个体，所以，即便是前期收集过的有关于学生差异化的原因，在后期仍需要不定期地对学生的发展情况进行了解，通过动态性的调查以达成对学生的深入了解。

（3）重视学生个体差异性与统一要求的结合

在体育教学中，教师应当重视每一个学生的身心发展，不抛弃、不放弃任何一个学生。因此，教师在制定教学目标时，应当尽量满足学生们的个体需求，努力实现既能完成整体教学任务，又能与学生的差异化进行结合。比如在进行跳高运动时，对于身材较为矮小的学生可以适当地降低标准，使学生获得良好的运动体验，依次顺利达成教学目标。

（三）合理安排运动负荷原则

1. 基本依据

（1）人体发展的基本规律

人体的成长和发展有一定的规律可循，如肌肉的自然增长发育顺序为：核心肌群先于四肢肌群，上肢肌群先于下肢肌群，屈肌先于伸肌。基于人体发展基本规律，教师在进行体育活动安排时，其运动项目的安排务必要符合青少年身体的基本发展规律，只有这样才能使学生有效完成课堂任务。

（2）不同学生生长发育的特殊性

体育运动的安排应当符合青少年学生身心发展的特殊性，例如在同一个年龄段和同一个班级中，有的学生身体强壮高大，而有的学生由于发育迟缓，身体就较为矮小。所以教师在进行体育活动安排时，应当合理安排不同运动项目的负荷量，避免学生因超负荷锻炼而造成身体损伤。

2. 基本要求

（1）运动负荷的安排要服从体育教学目标

体育教学目标作为体育教学活动的指南，不仅在于提高身体素质和运动技能，或在某一运动竞赛中取胜，还注重加强学生身体与心理素质的同步提升，因此，具体的运动负荷安排必须要依从体育教学的目标，应当努力实现学生的全面发展。

（2）运动负荷的安排要服从学生的身体需求

体育教学活动的安排服务于学生的身体发展，因此，体育教学的运动负荷安排一定要以学生的身体需求为基准，根据学生的不同的身体状况以及生理、心理方面的差异，在保证学生身体健康发展的前提下，做出无伤害性的体育运动负荷安排。

（3）运动负荷的安排要充分考虑学生之间共性与个性关系

学生之间的共性包含了许多方面，如相同的年龄、性别、身高等，其整体上大部分相似。个性是指在共性基础上的个体特性，例如相同性别、年龄、身高的学生，若这其中的个别学生出现病症或伤痛，教师就应当对这类学生在运动负荷方面酌情降低标准、减少要求。

（4）体育教学中应重视合理休息

不管是运动过程中还是运动结束后，教师都需要为学生安排适当的休息时间，以帮助学生缓解身心疲劳，为之后高强度的体育运动做好铺垫，以达到理想的体育锻炼效果。

（四）全面发展原则

体育教学除了需要提高学生"身"与"心"的健康发展程度外，还要贯彻全面发展的教学原则，在教学过程中注重美感、智力、反应能力、思维能力、意志品格等多方面的培养，使学生成为综合素质强的人才，使其能够在人才竞争激烈的社会中拔得头筹，成为社会主义现代化建设需要的人才。

1. 基本依据

（1）社会主义体育教学目的的需要

我国社会主义的性质是解放生产力，发展生产力，消除两极分化，最终达到共同富裕。这一性质也决定我国高校体育教学的最终目的，即在体育教学过程中，教师应注重学生的全面发展，使其能够更好地为社会主义发展服务。

（2）实现体育教学基本功能的需要

体育教学的基本功能涵盖了多个方面，如健身功能、健心功能、休闲娱乐功能、美育功能、养生功能、促进人际交往功能等。这些基本功能都适应于体育教学的全面发展原则。

（3）学生发展的需要

当今社会高速发展，人才竞争日益激烈，科技日新月异，为了能够适应以后的社会生活和职业竞争，学生在拥有良好的身体素质的同时，还需要在心理、意志品格、思想等多个方面同步提升自己，使自己能够在社会的高速发展中不断前进，跟上时代的发展步伐。

2. 基本要求

（1）体育教学必须以教学大纲或课程标准为教学的根本目标和要求，将其中的核心精神全面贯彻到体育教学过程中。

（2）体育教师的教学价值观念应当与时俱进，不能一直承袭传统的教育价值观。现代体育教学价值观念不仅需要有一定的生物学价值，还要具有一定的心理学价值、社会学价值、美学价值。

（3）教师在制定教学计划和策略时，应当注意给学生适当的自我练习时间和休息时间。

（4）在体育教学的各个环节中，不管是课前准备、课堂实施、复习还是课后评价，都需要时刻以学生的全面发展为前提。

（五）巩固提高原则

1. 基本依据

根据德国著名心理学家艾宾浩斯所总结的遗忘规律，人们的记忆力再好，遗忘也是不可避免的。又根据条件反射的消退理论，当条件反射建立后，如果只反复给予条件刺激，不再用非条件刺激强化，经过一段时间后，条件反射效应会逐渐减弱，甚至消失。所以，学生在学习运动技能后，还需要通过反复的练习进行巩固加深，否则，即便是当下所表现出的运动技能再好，若不加以巩固的话，其技能都会随着时间的推移而慢慢消失。

2. 基本要求

（1）教师在制定教学计划时，应基于学生实际情况加强和提高训练强度。要注意的是，在加强练习的过程中，教师要时刻提醒学生避免过度疲劳。

（2）在完成既定的学习目标后，可以不断地提出新的学习目标，从而培养学生的体育兴趣和积极性。

（3）为了进一步巩固课堂知识，教师可以给学生布置适量的课外体育作业或家庭体育作业。

（4）可以对运动动作进行分解练习，引导学生对分解出的单个动作进行反复练习，同时增加练习密度，最后实现整体上的提高。

（5）改变教学方式方法或改善练习条件，也可以帮助学生达到巩固提高的目的。

（六）终身体育原则

1. 基本依据

坚持终身体育原则，即在终身体育的指导下，使体育教学更加全面、系统，更能够为学生的成长、发展提供帮助。终身体育原则与人才培养、国家建设有着密切的关系。

2. 基本要求

（1）基于学生现有基础和兴趣爱好，引导和加强学生对体育的理性认知，使学生的体育意识不再只是停留在表面的兴趣上，而对体育的目的、意义、作用、功能等方面有一个全面的理解，做到在体育学习活动中充分发挥主观能动性，进而养成体育锻炼的良好习惯，形成终身体育意识。

（2）在体育教学过程中，除了要注重学生在每堂课学习后所呈现出的教学成果，还需要以可持续发展的目光关注学生的长期受益，将短期效益与长期效益相结合，从而完成体育教学的整体目标。

二、体育教学的基本方法

（一）语言教学法

语言教学法即通过直接的语言对学生进行知识传达，教师在进行语言教学时，应吐字清楚、语速流畅、逻辑清晰。正确的使用语言教学法，有利于教师有效传达知识点，并使学生快速明确和了解相应的学习目标和学习任务。

在体育教学中运用语言教学法时，除了要注重基本的吐字和表述之外，还要注重采用多样化的语言教学形式开展教学，如讲解法、口头汇报法、口头评价法以及口令和指示法等。

1. 讲解法

讲解法是语言教学中较为普遍的一种教学方法，通常包括讲解概念、原理、原则、特点、性质等。讲解法在实际运用过程中应注意以下五点。

（1）明确讲解的目的

讲解法教学并不是简单地陈述课本上的内容和知识要点，而是教师根据教学目标、教学内容以及学生特性进行有意义、有针对性地讲解。在讲解的过程中要注重语速平缓、语气平和，同时要抓住教学内容的重点和难点，这样才能使学生既能够准确地获取教师所讲解内容，又能够明白需要掌握的几个难点。

（2）注重讲解内容的正确性

不管是书本上的知识点，还是教师自身的看法或观点，教师在进行讲解时都要保证其内容的正确性和科学性，不能让学生产生困惑和不解。另外，讲解内容还需要符合学生当下的学习基础和掌握能力。

（3）讲解方式生动形象、简明扼要

讲解方式生动形象、简明扼要，有利于学生有效理解各种动作结构的要点和难点。在具体的讲解过程中，教师应当注重将新的动作结构与学生的基本水平相结合，使学生能够更好地结合理论和实践。另外，由于课堂时间有限，教师在进行教学时可以先讲解本堂课的重点内容，避免学生因专注力不能长时间集中而无法有效掌握学习重点。

（4）注重启发学生的思维能力

在体育教学中，对于一些体系化、整体化的知识和动作结构，不能将其孤立起来，要通过讲解的方式激发学生的发散思维与创造思维，使学生在学完知识点之后能够做到举一反三、学以致用。

（5）注重讲解的时机和效果

讲解的时机和效果是指在最有效的环境和位置中确保学生能够最大限度地学习知

识。例如教师在进行教学时，学生以高矮顺序进行前后位置排队，而为了避免距离自己距离较远的学生不能听清楚自己讲解，可以让学生以教师为中心站成圆形的队伍，保证每一个学生能够听清教师讲解的内容、看清教师的示范动作。

2. 口头汇报法

口头汇报法本质上不是教师的教学方法，其实应该是指学生的一种教学配合方法，即学生通过自身对学习内容的体会和感悟，将自己对学习内容、任务、目标等有疑惑的地方提出来，以口头汇报的方式告知教师，从而方便教师及时发现教育环节中的问题和不足。这种方式对于学生而言，不仅极大地发挥了学生在教学过程中的主体作用，还帮助培养和锻炼了学生的口头表达能力与语言组织能力，与此同时，还有效提升了教师的教学水平和学生的学习水平，对整体教学质量的提高能够起到非常重要的作用。

3. 口头评价法

口头评价是指教师对学生所完成的学习任务给出相应的评价，帮助学生更好地学习。口头评价具体可以分为两种评价，即积极评价与消极评价。积极评价就是对学生的表现给出正面、积极的评价，这对学生能够起到鼓励和激发的作用，使学生对学习更有热情和积极性；消极评价则是针对学生的表现给出否定性的评价，这种评价并不是指一味地批评学生，而是要指出学生表现中的不足，使学生能够正视自己、纠正错误、弥补不足。教师在采取这两种评价方法时，需要注意自己的语气和态度，避免学生骄傲自满或者是灰心丧气。

4. 口令和指示法

体育教学中的口令和指示通常为"立正""预备""转体""各就各位"，这些语言虽然简短，却极具力量，学生在收到教师给出的指令后，能够快速有效地按照指令完成相应的体育动作。但是口令和指示的方法也不是随意乱用的，需要把握一定的课堂节奏，并配合学生的协调度。此外，教师在喊出口令和指示时，还要保证自身声音铿锵有力，给学生一种势在必行的感觉。

（二）直观教学法

直观教学法就是通过身体的示范或某一媒介作用使学生形成特定感知，从而对知识技能进行记忆和理解。直观教学法在体育教学中较为常用，其通常包括动作示范、条件诱导、多媒体技术、教具和模型的演示等内容，它能够使学生更加直观地了解和学习教学内容。

1. 动作示范法

动作示范即教师灵活运用身体的肢体结构，形象直观向学生进行动作示范教学，使其能够正确把握动作结构和动作要领。动作示范不一定需要教师亲身示范，还可以组织学生进行示范，教师从旁进行指导和修正。在运用动作示范法时需要注意以下四个方面。

（1）具有目的性

在进行动作示范时，需要预先估量要达到的目的，如果只是需要学生了解基本的动作，教师的示范速度可以加快，不做过多的赘述；若是需要学生了解细致的动作结构，教师在示范过程中则可以放慢教学进度，必要时可以进行动作结构和技术的分解教学。

（2）注重正确性

动作示范一旦出现错误和误差，就会使学生的学习出现偏差，而若不及时改正则会导致学生形成错误动作习惯和定势，甚至会影响到学生的体育终身。所以教师在动作示范中一定要持以认真严谨的态度，确保示范动作的正确和规整，不对学生形成误导。

（3）配合讲解法

单纯的动作示范并不能达到最优教育效果，还需要有效、清晰的配合讲解。教师在进行动作示范时加以相应的讲解，能够使学生更好地理解和运用动作技术。一般可以先讲解再示范，也可以边示范边讲解，或先示范后讲解，具体需要根据不同的体育教学内容来进行调整。

2. 条件诱导法

条件诱导法是指以一定的外部条件为诱导因素，使人的身体建立相应的动作联系，从而达到最终的教学目的。例如，通过播放广播体操的音乐，使学生能够迅速地做出做操的反应；采取喊节拍的形式，形成动作的节奏感；通过简单的语言提示，使学生流畅地完成动作；设置相应的视觉标志，刺激学生的视觉感应。

3. 多媒体技术法

当前科学技术不断发展，许多媒体技术都应用到了教育活动中，如幻灯片、电视、投影等。这种多媒体教学方法比较符合学生的兴趣点，能够迅速集中学生的注意力，获得良好的学习效果。虽然这种教学方法在现代教学中较为常见，但对于当前体育教学来说还不具备较强的适应性，一些体育教学环境并不适用多媒体。

4. 直观教具与模型演示法

在体育教学过程中，对于一些具有危险性或难度较大的内容，可以通过模型演示的方法进行教学，或是通过图表、照片的形式来进行说明，有效发挥教具、模型的教学辅导作用。

（三）完整与分解教学法

1. 完整教学法

完整教学法是指动作从开始到结束、从低层次到高层次，从分解到完整进行教学的教学方法。完整教学法通常会与示范教学法和讲解教学法相结合，体育教学中，动作协调优美、结构简单、起伏变动不大，各个独立动作之间又有着紧密的联系，因此能够较好地使用完整教学法。但是完整教学法并不能适应于全部教学内容，一些复杂、难度较大的动作并不能详细示范。完整教学法在实施过程中应当注重以下四点。

（1）对于一些动作结构简单的内容，教师可以先进行完整的动作示范，然后由学生进行自主练习。

（2）对于一些无法分解的动作结构，可采用完整教学法。而在运用时应对动作的用力、动作的转变等进行细致地讲解，从整体上把握动作的完整性和流畅性。

（3）对于一些难度大、动作结构较为复杂的体育教学内容，应遵循循序渐进的教学原则进行教学，先降低难度，再逐步恢复难度，最后形成一个完整的结构体系。

（4）在运用完整教学法时，可以适当调整和改善环境场所，积极借助外在条件帮助完成整体动作。

2. 分解教学法

分解教学法是指从完整的动作体系出发，将完整的动作分解为几个部分或阶段，或按照身体结构将动作分为几个部分，然后按照划分部分依次进行教学或练习，最后掌握完整的动作和方法。分解教学法可以降低教学的难度系数，因而更利于学生了解和掌握。分解教学法通常会与完整教学法结合使用。在运用分解法进行教学时，应注意以下三点。

（1）根据动作的结构特点，采用科学、合理的方式进行动作分解，注重各动作相互之间的联系和统一性。

（2）将完整的动作分解成为多个部分之后，要注重每个部分的时间、空间等方面的有序协调。

（3）熟练掌握分解后的各部分动作后，再进行串联训练，需要确保各个部分过渡的流畅性。

（四）预防与纠错教学法

预防与纠错教学法是指教师对学生表现出的一些错误动作进行纠正和改善，这种教学方法在体育教学中也较为常见。在体育教学过程中，学生因认识不全、接受能力有限、基础能力不强等原因而出现错误是不可避免的，教师应当对此表示理解，并做出及时的纠正和引导。

预防和纠正虽然其最终目的都是一样的，但是从本质上看还是有着一定的区别。预防是一种有预见性的防范，纠错是对现下已经发生的错误的后期改正。预防与纠错教学方法的实施具体有以下四种。

1. 语言表述法

语言表述法能够帮助学生在作出动作前，先建立一个正确的动作意识，所以在进行语言表述时，就需要对一些细节和重点的内容进行详细准确的描述，使学生对各个细节部分有一定的理解。

2. 诱导练习法

举例来说，如果学生在做肩肘倒立时无法将腰腹部挺直，针对这种情况，教师可在垫子上方悬一吊球，让学生用脚尖触球，这样学生就可以挺直腰腹部，这就是诱导教学法。

3. 限制练习法

限制练习法是指在学生进行动作练习时，教师对其做出一定的约束和限制，防止学生在自主练习的过程中出现错误。例如，在进行篮球投篮练习时，为了使学生的投篮动作更加协调、标准，可进行罚球线左右的投篮练习，使学生掌握正确的投篮方式。

4. 自我暗示法

自我暗示法是一种应用于各个学科中的教学方法，比较简单易行。在体育教学过程中，当学生对自己没有信心时，自我暗示法能够有效地帮助学生恢复信心。例如，"我可以的！""我一点都不感觉到紧张。""这个动作我已经练习很多次了，相信不会出错。"都是良好的自我暗示语句。

第二章　高校体育教学思想的演变与发展

高校体育教学思想对体育教育起到导向性作用,合理、正确、科学的体育教学思想,有利于高校体育教师科学教学、高质量教学,能够有效提升教学质量和学习效率,促进学生健康成长和发展。因此,加强高校体育教学思想研究对我国体育教学的可持续性发展具有重要影响和意义。

第一节　高校体育教学思想流变

一、中华人民共和国成立初期的体育教学思想

新中国成立之初,我国各经济领域结构简单,物质基础薄弱,国民生产力低下。在这一国情下,为了保障人民的生存和生活,并实现国家发展,"全民皆兵"便成了当时发展国民经济和树立保家卫国思想的重要国策,各高校学生也因此培养了奉献国防的精神。在当时,全国各个高校的体育教学思想与目标都包含了一定程度的军事思想和军事内容,由此有效弥补了高校体育教学在物质基础上的薄弱,同时也增强了大学生爱国、护国、卫国、保家的品质精神。在当时中国的特殊国情下,高校体育教学的这一思想符合当时的社会发展,是时代和社会发展的产物。

二、竞技体育思想的形成与发展

在新中国成立不久,为了能够在国际上确立我国独立自主的地位,我国积极参加奥林匹克运动会。当然,这一参与过程也是曲折的,从国际奥委会拒绝中国参加奥运会,到五星红旗插到奥运赛场上,显现了我国逐渐增强的体育国力,标志着我国正向着体育强国一步一步迈进。与此同时,我国的体育教学无论是小学还是中学、高校、业余体校,都已经开始认识到体育是竞技体育,是推动我国国际地位建设的重要项目。在当时,我国高校的体育教学内容与思想在保留原有特色基础,开始形成初步的竞技

体育意识。

三、改革开放初期体质健康思想的确立

这一阶段，我国工、农、林业逐步发展，国民经济开始得到复苏，与此同时教育事业也迎来了新的发展变革与挑战，尤其在高校体育教学中，党和中央颁布了一系列相关文件以确立体育在整个教学体系中所占据的重要地位，阐述了体育在国际中所产生的重要影响力。一方面确定了"以增强学生体质为体育教学"的指导思想，另一方面，中央对全国的教育工作提出了明确要求，提出要对现行的教育体制进行改革，大力提高人才培养力度和国民素质。国家所作出的这一系列指示不仅有效转变了我国固有的教育体系思想，还为我国的体育教学拓展了新的目标和思想，使我国的体育教学更加注重学生的身体素质和心理素质发展，这无论对我国的整个教育体系还是对体育教学来说，都是一个不小的进步。

四、深化改革阶段的竞技体育思想

1978年后的中国处于社会转型时期，当时我国经济发展迅速，社会政治和文化思想局面趋于稳定，而随着人民物质生活的提高，许多新的思想价值观念开始相继出现，如法治观念、效益观念、市场观念、经营观念等，这为我国的竞技体育发展提供了更为广阔的视野。

至20世纪90年代，我国的竞技体育思想文化观念呈现多元化发展趋势，与此同时，高校体育教学改革日益深化，各种教学模式涌现，不断推动着我国高校体育教学的发展，并逐步形成一套以素质教育为主要目标的体育教学体系，使高校体育教学层次更加丰富多样化。

我国的教育宗旨是实现人才"德、智、体、美"全面发展，十分重视人才素质教育，不论在理论方面还是在实践方面，素质体育教育都是我国教育体系中的重要组成部分，它对我国的体育教育发展有着深远的影响。

五、现代"终身体育""健康第一"指导思想的形成与发展

相关的调查研究数据显示，近年来，随着人们生活水平质量的不断提升和新兴事物的不断涌现，我国大学生的体育意识逐渐薄弱，整体体质状况也呈逐渐下降的趋势，如出现近视、肥胖等健康问题。针对这一现状，我国对体育教学提出了更为切实的要求，提出坚持以"健康第一，终身体育"为体育教学指导思想开展体育教育教学。在这一基础上，各个高校在教学中以学生为主体，采用多样化的教学模式，有效转变了传统的体育教学理念，极大激发了学生的体育兴趣，帮助学生树立了终生体育意识，使体育能够贯穿学生的生活和学习，促进其身心发展。与此同时，教育部还严格制定了《学生体质健康标准》，从身体形态、身体机能、身体素质等方面对学生的综合素质进行全方位的评定，以促进和推动素质体育教育的开展。

第二节 建构主义学习理论

一、建构主义学习理论的概念与特征

（一）建构主义学习理论的概念

构建主义学习理论是指人们通过对新事物的学习和对相关信息的收集，将之与原有的认知结构进行整合，从而形成一种全新的、符合当下社会环境要求的认知结构，重建新的认知理论。原有的认知结构是人们在长期的生产活动中，不断思考、理解、实践所得出的一种认知结构，但随着时代的变迁和社会的不断发展，各种新事物不断涌现，新的思想观念也在不断形成，所以人的认知结构不会停留在一个固定的状态，而是在不同的环境中与不同的思想观念碰撞下，不断同化、顺应、平衡。同化是指人们在学习的过程中，对所接受的知识进行过滤和加工，保留原有认知结构的精华部分，使其成为新的认知结构中的一部分；顺应是指人们在学习过程中对一些无法同化的部分进行修正和重建，以此来适应新的环境；平衡是指人们在学习过程中，让原有的认知结构和新的认知结构有效结合，并朝着稳定的状态进行过渡和发展。

（二）建构主义学习理论的特征

建构主义学习理论表现出以下几个方面的特征。

1. 探究性特征

建构主义学习理论对体育教学有着非常重要的影响，美国教育学家杰罗姆·布鲁纳曾表示，在所有的教育活动中，学生才是其中真正的主体和探究者。因此，在实际教学中，为了能够使学生更好地投入学习，并对学习抱有热情和积极性，教师应当采用多种教学方式和手段，让学生能够自主学习和独立思考问题，使其在学习中变被动为主动，充分发挥学生的主观能动性，引导学生积极自主地去探寻知识，而不是被动地接受知识的输入。

2. 情境化特征

传统的体育教学注重理论知识的输出，而忽略了特定的情境教学，即便学生已经掌握足够的知识点，但也未必能在真实的情境中灵活运用，由此导致许多学生在考试中通常能获得较为理想的分数，但在实践中却不知所措，无所适从的问题。构建主义学习理论，强调知识理论与实际情境相结合，注重使学生能够运用知识切实解决实际问题。

3. 问题导向性特征

构建主义学习理论强调对学生的学习活动的导向性，即引导学生积极主动学习，并

能自主地发现问题、探索问题、解决问题，使学生真正做到灵活运用所学知识，有效夯实和巩固知识点。教师在教学过程中，应当积极发挥构建主义学习理论中的问题导向性的这一特征，引导和启发学生的探索意识，从而有效地开展后续的教学活动，提升教学质量。

4.社会性特征

社会性是构建主义学习理论的重要特征之一，主要是指学生为了促进知识的内化，而需要从各种社会资源、社会文化中介获取知识并对其进行分割，一般来说这种资源和中介是指多媒体网络技术、电子计算机等。教师在教学活动中，可以借助这一系列社会性载体与教材有机结合，形成与学生之间的良好互动，以有效实现教育教学目标。

二、建构主义学习理论对我国体育教学思想的影响

实践表明，构建主义学习理论能够进一步推动我国体育教学的发展，在我国高校体育教学思想的形成和发展以及课程实践活动中起到重要作用。

（一）建构主义学习理论对我国体育课程改革的不适应性

体育运动的学习过程不同于其他学科的学习过程。大部分学科的学习都是以教师的课堂知识传授为主，辅之以一定的教学实践，总体上来说强调知识点由简到繁的逻辑认知。而体育学习则是学生对自身身体的不断认知和提升的过程，仅通过教师的口述讲解根本无法完成正常的体育教学，否则会大大降低学生对体育运动的热情和积极性，而单靠学生主观意识上的想象和理解，也根本无法完成规范的动作技巧，不利于教学目标的实现，也不利于学生的身心发展。因此，体育教学除了需要教师一定的知识讲解外，还需要教师通过一系列的身体动作示范，让学生不断模仿、练习，从而有效习得和内化知识技能。

随着国家对体育教学工作的不断重视，在一系列的教学改革下，构建主义学习理论已成为我国体育教学的重要指导思想。但在具体的教学过程中，教学工作者常常会对构建主义理论产生一些错误的认知，部分人认为体育教学改革所推进的新课程是对传统教学内容和方式的否定，由此形成"主体意义建构"。发现式学习的推出让部分学者认为它是对传统教学的一种挑战，因为传统的教学理念是让学生"学会"，学校应当作为主体向学生传递相关的知识文化，而发现式学习所主张的是让学生"会学"，重在培养学生的主动性、思维品质、探索精神、创新能力等。可见，两者之间存在差异，这种差异是客观存在的，但也在主观上被教育工作者放大，直接导致了构建主义学习理论对我国体育课程改革的不适应性。

（二）建构主义学习理论对我国体育课程改革的适应性

构建主义学习理论主要基于三个方面：第一，为了使学生能够学习更多的知识，并

能将所学知识掌握得更为牢固，就应当以学生为主体，让学生发挥其主动性和积极性，使学生能够自主地学习，教师权威被相对弱化；第二，学习是学生自己的事情，但也不是绝对的"孤军奋战"，在学习过程中还更应当注重与其他同学和教师之间的互动、沟通、交流、合作；第三，对知识点的学习绝对不是照搬书本上的知识，也不是对教师所讲述的知识点的单纯记忆和复述，而是需要将书本知识、教师讲解与自身在长期的学习中所获得的经验相结合，进而探究出新的知识。

在以上三个观点中，可以明确地看出其突出重点在于"自主""合作""探究"，因此，高校体育教学基于构建主义学习理论指导，应当始终以"自主学习法""合作学习法""探究学习法"为基调，拓展多元化教学方式，拓宽教学视野。

在运用"自主学习法""合作学习法""探究学习法"时，不仅要求学生提高、开发潜能和培养团队合作意识，同时还对教师提出了一定的要求。其主要表现在：要求教师在课堂要以多元化的角色进行知识传递，不仅要扮演好引导者和传授者的角色，还要与学生形成合作、互动的朋友关系，使学生能够更好地接收知识。教师角色和职能的转变不仅顺应了我国新课程改革的发展，同时更利于教师的专业化、科学化发展。此外，构建主义学习理论大大改善了学生在课堂中的地位，使学生变被动为主动，充分发挥主体作用。为确保学生主体作用的有利发挥，还应当注意以下几个方面。

（1）为了让学生更好地获取知识，在学习过程中，应当注重以探索和发现对知识的意义进行构建。

（2）在意义构建的过程中，应当让学生自主地搜集相关信息资料，然后进行分析、探究，要求学生不仅要能够发现问题的本质所在，同时还能对问题提出各种合理的假设，再对假设做出科学的论证。

（3）当学习完一个知识点之后，后期还应当定期巩固，并与自己先前所掌握的知识建立联系，进行深入思考。

三、建构主义学习理论在体育教学中应用时的注意事项

（一）动作技能的学习应是主观与客观相统一的过程

在体育教学活动中，教师通过创设特定的教学情境来完成体育教学，学生会根据自身的理解和探究，来获得良好的动作技巧和结构技能，而动作技能的学习大多属于结构良好的领域，所以学生可以根据教师的示范来进行模仿和练习，从而夯实知识。但值得注意的是，学生在模仿和练习的过程中，都应当时刻保持主动性和积极性，这样才能取得理想的学习成效，若仍然沿袭传统的机械式、被动式学习方法，则无法取得较好的学习效果。因此，对于体育知识学习来说，其过程应是一个主客观的统一。

（二）情境的创设要围绕目标的达成

在体育教学过程中，还应当根据实际生活环境以及在生活中所遇到的一些问题进行教学情境的创设。基于不同的教师和不同的教学内容，其创设的教学情境自然呈现差异

化，但其目的最终都是一致的，都是为了使学生能够更好地获取知识。当然，有效情境教学的创设有利于激发学生的学习积极性和主动性，能够加深学生对知识的印象和掌握程度，还有助于学生在实际生活中能够深入理解并灵活运用所学知识。在创设情境教学时，其内容必须与体育教学本质和体育教学目标达成一致，既不能只注重形式，也不能脱离现实。

（三）建构主义学习理论并不是唯一的教学模式

我国现阶段的体育教学所使用的教学方式以"探究式学习法"为主，这一学习方法也可以说是以构建主义学习理论为基础形成的，它可以充分调动学生的主观能动性，更好地开发学生的创新意识，使学生的实践能力得到重视和提高。但是在实际教学过程中，探究式学习法虽然具有明显的优势，但也并不是一种全能和唯一的方法，因为对于新时代大学生来说，学生之间都会存在不同程度的个体差异。因此，探究式学习法并不一定能被所有的学生所接受，对于最终结果来说，只要是能适应学生的学习方法，并能让学生取得理想的学习效果的，就是有效的学习方式。若在实际教学过程中不能审慎考虑教学内容和学生的个体差异，而将探究式学习法等量齐观的话，则会对教学目标的实现产生一定的消极影响。所以，在教学实践中，应当结合多种教学方式进行优势互补，同时，还应当关注学生的学习态度、学习基础、学习条件，具体问题具体分析，因材施教，从而形成科学、合理的教学方法。

综上所述，构建主义学习理论对我国体育教学改革有着重要的影响和推动作用，但需要注意的是，构建主义学习理论当前尚未完善，且由于我国社会文化与西方体育文化存在着不同程度的差别，以及我国体育课程教学学科的特殊性，因此在进行体育教学中，我国高校体育教学不能对构建主义学习理论进行照搬迁移，而是需要有选择性地进行学习和借鉴。因为不管是哪一种理论，随着时代的发展和文化的变迁，其思维观念都未必适用于所有领域，也未必是完美的，每一种理论都会存在一定的局限性和不同程度的优点和缺点，对此，在具体应用中，还应当做到有的放矢，通过有效的整合而建立和形成符合我国体育教学的思想体系。

第三节 现代西方教学思想

一、现代人本主义教育思想的特征

人本主义教育思想强调"以人为本""以学生为中心"，其特征主要体现在以下几个方面。

（一）追求自我实现的教育目的

人本主义教育思想观念主张人的自我实现，形成自身完美的人格。人的自我实现主要包括两个方面的内容：内心，即人的心理、情感、精神、心智、价值观的形成与发展；人格的创造性，即指人在受教育过程能够学会学习、学会适应环境，并能将自身的个性在这一过程中得到充分的展示。内心与人格形成一体才是一个"完整的人"，才能真正实现追求自我的教育目的。所以对于高校来说，作为一个培养人才的专业结构，其任务绝不仅仅只是片面地向学生传递文化知识和各项技能技巧，更应当把学生培养成为一个"情知一体"的人，充分挖掘每一个学生所具备的潜能，让学生积极发挥其创造性，让学生勇于、敢于追求新生事物，勇于接受变革并具有推动变革的能力，这才是人本主义教育最终的教育目的。

（二）尊重学生自由发展的课程安排

现代人本主义教育思想认为，人具有与生俱来的学习能力和学习动机，由于学生的个体差异，每一个学生内在的学习动机都不尽相同，所以，在教学过程中，教师应当充分尊重学生，给予学生自由选择的机会，尽量减少第三方干涉，以成功激发学生在学习过程中的主动性和积极性。

在不同的生长环境下，学生的身体素质和心理素质各有不同，所以在体育教学过程中，其课程内容未必会适应所有学生的需求，这就要求教师对教学内容和教学方式进行多元化扩充，尽量根据学生的生活环境和知识掌握程度，做出对学生有针对性的个性课程，使情境因素与个人认知因素有效结合，帮助学生完成学业发展。

（三）尊重学生情感体验的教学方法

现代人本主义教育以学生为中心，主张学生积极自主地以参与式的形式投入到课堂中来，通过自身的亲身体验将知识转化成为一种个人经验，并在这一过程中学会认知自我、尊重他人、学会与他人合作交流等，以此促进自身独立个性特征的形成，而不是被动地接受知识。因此，在教学过程中，教师应当对给予学生充分的信任，做到尊重和理解学生，并能够为学生创造良好的学习情境和氛围。

现代人本主义教育所强调的以学生为中心，还包括对学生情感方面的尊重，这与新人本主义、古典人本主义的主流思想观念一脉相承。新人本主义和古典人本主义所针对的对象是传统教育，而现代人本主义教育所针对的是"科学主义"，它挑战传统教育中教师的绝对主体地位，主张树立学生的主体地位，通过调动学生的主体性和创造性培养学生的自主学习能力和创新创造精神。

二、现代人本主义教育思想对我国体育教育的影响

从本质上来讲，我国之所以不断提出教学改革、体制改革，其根本原因就在于教育

领域愈发认识并关注人性化教育、人本化教育，努力探索和回归教育的本质意义和价值。现代人本主义教育思想对我国体育教学的影响，主要体现在以下几个方面。

（一）教学观方面

众所周知，传统教学观念强调教师的绝对权威，在教学中以教师为中心，针对学生群体进行无差别化的知识传授和灌输，教师的这种"填鸭式"教学不仅打消了学生的积极性，更抹杀了学生的创造性，致使相当一部分学生出现厌学情绪，这种传统教学观念的弊端逐渐显露。现代人本主义教育思想随之发挥作用，启示和促进了我国教育观开始注重培养学生主体性，并充分发掘学生的创造性与综合素质能力。

（二）价值观方面

在以往的教育观念中，人们对教育所带来的价值概念往往更侧重于教育所带来的社会效应和工具价值，但随着文明的不断进步以及人们认知水平的不断提高，现代人本主义教学思想发挥影响，教育的本质问题受到更多的讨论，人们开始认识到教育的本质其实是一种自我价值实现。因此，教育过程中开始强调促进学生的"自我实现"，以此回归人独立存在的价值和本质，注重对学生的主动性、创新性培养，充分体现现代人本主义教育的社会价值。

（三）课程观方面

在现代人本主义教育思想的影响下，教学改革开始更加注重为学生创设有利的学习环境，让学生变被动为主动，同时将教师的主导地位转变为隐性的引导者。这主要体现在课堂结构的调整上，我们可以发现当前在传统课堂结构中开始融入活动课程和综合课程，教师在其中的角色也发生转变，课堂氛围更加活跃，学生能够在轻松的学习环境中真正感受到学习的乐趣。

三、现代人本主义教育思想对我国学校体育改革的启示

（一）重新定位学校体育价值

传统的体育教学模式单一，主要贯彻讲解—示范—练习—纠正这一简单化的教学过程，总体来说课堂氛围刻板、枯燥，既打消了学生的主动性和积极性，还约束了学生的创造性和个性发展，没有考虑到学生身体和心理的个体差异性。在现代人本主义教育思想的影响下，现代体育教学也应当贯彻人文精神，这不仅符合当前教育观的发展，更能够为体育教学的发展提供了一条有利的途径。

现代教育观念主张注重学生的个性发展，所以对于体育教育而言，在注重学生的身体素质培养的同时，还应当进一步拓展体育教学的人文价值，关注学生的心理教育、行

为习惯养成、人际关系的发展、道德品质的培养，建立多元化的体育教学体系，而不是片面地强调身体锻炼。

（二）重新确立学校体育教学目标

受应试教育的影响，传统的体育教学一直是以"三基"为教学目标，注重体育动作和各种技能结构的传授和培养，整个课堂都由教师来进行节奏把控和任务进程的分布，从而忽视了学生的主动性，学生不能真正从中体会到乐趣。在这一现状下，就务必构建学校体育教学的多元化体系，为体育教学目标的实现提供多元化的结构建设。

所以，在体育教学改革中，体育教学重心应当从原来的追求"加强体质"转变为追求学生的全面协调发展，以此形成终身体育锻炼的目标，帮助学生塑造良好的心理素质，使体育促进学生的个体社会化。

（三）重新调整学校体育课程内容

在人本主义教学思想的引导下，我国学校体育教学的课程内容已经进行了一系列的改革，其灵活性和教育性都得到提高，与此同时，各种符合学生身心发展的个性特征和思想品质的教学内容不断被纳入。可以看出，我国体育课程内容正处在一个不断发展和进步的过程中，全面素质教育仍在不断完善和改进。在目前的体育教学状况下，其课程教学内容还需要进行多方面的调整，具体包括以下几个方面。

（1）趣味性：好奇心是人的本能，在课程改革中可以利用这一点以激发学生的学习兴趣。

（2）创新性：在设置课程内容时，应为实现学生的创造精神提供广阔的空间。

（3）适用性：课程内容应符合学生的身心特点，不脱离现实生活环境，以此加强教育与社会的联系。

（4）普及性：充分考虑学生的个体差异性，针对一些能力不足的学生，可以适当调整规则和器材等硬件设施，使课程内容惠及每一个学生，提升教学效果。

（四）重新认识学校体育教学的内涵

现代人本主义教学思想为体育教学引申出了许多新的教学理念，如健康体育、快乐体育、终身体育、自主体育等，这些教学理念都秉承了现代人本教学思想中以学生为主体、注重学生的创新精神与个性发展的核心内容。与此同时，许多新的教学方式随之同步衍生，如情境式教学、支架式教学、发现式教学、快乐式教学、抛锚式教学等，它们都充分体现了现代人本主义教学的以学生为主体的教学思想。这表明，如何让课堂变得生动有趣，如何让学生变被动为主动，如何在教学过程中与学生形成和谐的人际关系，如何让学生在课堂中获得良好的情感体验，如何使学生的特性特征得到发展，如何为学生营造轻松的学习氛围等，现已成为当下体育教学改革研究的重点。

第四节 现代人文精神与科学体育教学思想

一、现代人文精神

（一）人文精神的内涵

"人文精神"是近几年来教育界所提及的高频词汇，也是教育领域着重探讨的一个理念问题。学术界至今对人文精神的概念尚未形成统一的界定，但是通过相关资料的研究和整合，本书将其内涵主要归纳为四个方面：（1）人文主义的聚焦点在于"人"的本身，一切学习和发展活动都应从"人"开始，即体现人的主体性；（2）尊重个体自身价值，教师的教学自主权和施教教材选择权被尊重，学生的主体性地位同样被尊重；（3）从思想上来看，帮助学生"个人思想"的形成和发展，正所谓临渊羡鱼，不如退而结网，教学应为学生营造有利的教学环境，有助于学生个人思想和创造力的形成；（4）从广义上来看，人文精神是基于人类本能的一种尊严、价值、命运的维护、追求和关切。

（二）人文思想对体育教学的影响

1. 促进传统体育教学理念的更新

传统体育教学中，教学目的主要为增强学生身体素质，促进学生健康发展，主张通过体育课程对学生的身体结构进行生物改造。从这一方面来说，传统体育教育观念应当是一种生物体育观。但在人文思想的影响下，我国的新课标不仅提出了新的指导思想，在体育教学改革中也出现了一些新的概念，如"学习领域目标""课程目标"等，并在这一系列概念中又做出不同的划分，即以"身体健康"与"运动技能"作为基础目标，以"心理健康"与"社会适应"作为新的发展目标。

20世纪中后期，我国教育与社会政治紧密相关，由于当时商业迅速发展、实用主义盛行，大学教育因而衍生出了两种教育观念——人文教育与科学教育——交融的现象。由于大学教育更倾向于科学教育的实际性，且其政治化意识形态相对浓厚，因此使科学主义长时间主导了教育理念和社会价值观。科学主义在各大高校和社会中快速发展，造成了人文精神的逐渐萎缩甚至是消失。而随着文化的不断进步和社会形态的不断发展，体育教学改革开始逐渐深化，人文精神开始回归到大学的教育教学和社会中。

人文精神有利于识别伪科学和反科学，能帮助人们从辩证性的角度去还原事物的真实性，有利于教育工作者改善传统固化的教学理念，解放学生天性，从而使教学环境更加和谐、轻松，帮助和引导学生有效、快速习得和接受知识。

2. 加快体育课程体系的调整

加快体育课程体系的调整，能够使课堂教学内容更加丰富，有利于满足学生的个体需求，提高学生的体育意识及心理品质。但在实践过程中，体育课程体系的调整却面临着重重困难，其中最为明显的就是体育课无法得到广大学生和家长的认可，认为体育是一门可有可无的课程，因此，体育课常常被其他文化课教师所占用，使学生体育锻炼需求无法得到充分满足。

在后期人文思想的影响下，教育工作者以及社会群体对体育教育有了不同程度的认知，这使体育课程体系的调整工作得到了明显的改善：一方面，学校在安排相应的教学课程时，开始以学生为课堂中心而开展教学课程；另一方面，学校在设计相关的教学内容时，充分考虑了不同学生的身体素质和心理特征，并对学生的个性特点发展高度重视，为学生提供了丰富、多样的体育教学内容，以此来提高学生对体育的学习兴趣，激励学生对体育的主动性和积极性，促进体育教学效果的提升。

3. 促使体育教学方法不断优化

在形成新的体育教学理念和体育课程体系后，在人文思想的影响下，传统教学方法得到不断优化。对此，教师不断改革和完善教学方法，使学生在体育活动中能够真正体会到快乐，对体育富有兴趣，并发现体育学习的独特魅力，从而形成终身体育的意识。兴趣是最好的老师，在体育教学中，利用有趣的教学方法来激发和培养学生的兴趣尤为重要。

与此同时，体育的硬件设施得到了一定的改善，如运动场所建设、体育器材更替换新等，作为体育教学活动中必不可少的工具，加强物质建设不仅能够促使学生更好地投入体育运动，还能够体现教育对人文体育的高度重视。

4. 构建科学的体育教学评价体系

体育教学评价体系是体育教育过程中的重要工作，有利于对教师的教学方法和内容作出全面的评价，帮助学生实现自我评价、自我调整和自我发展。在具体的教学评价过程中，评价还应当对评价对象"区别对待"，即根据学生的个体差异性给出相应的评价。

在评价学生的学习效果时，教师应当对学生的学习过程进行量化分析和定性评价，提升体育教学评价结果的科学性和合理性，让学生意识到自身问题的同时，帮助学生改善和调整。在评价学生的学习能力时，不能仅仅对学生所表现出的体育动作和技能结构进行评价，还应当同时注重学生的学习态度、创新能力，从而形成一个全面、综合的评价体系。

学校在构建评价体系时，还应在评价过程中充分表现其人文精神。比如在每堂体育课程结束后，教师要及时将每一个学生的出勤情况及课堂表现情况作出详细记载，并进行客观评价，以此来判断学生的变化过程和隐性情感，将其作为最终的评价体系建设的一项重要的素材，以确保评价体系的全面性和科学性。

5. 加强校园人文环境建设，营造良好的体育教学氛围

加强校园人文环境建设，营造良好的体育教学氛围，可以使体育教学达到事半功倍的效果。

环境建设并非单单指硬件建设，还包括校园体育文化建设，为学生营造健康的体

育文化氛围，如通过校刊报或校园广播对当下的体育热点赛事进行追踪、专题报道，引导学生对体育事项的关心和关注，隐性地感染和熏陶学生的体育意识。在校园或班级组织不同规模的体育比赛，激发学生的参与积极性，从而激发学生的体育兴趣。总的来说，建设校园人文环境，使校园具有良好的体育氛围是一个长期的过程，需要长期的坚持和努力。

6. 提高教师人文素质

虽然现代人文教育思想确立了学生在体育教学过程中的主体性地位，但是对学生能够起到关键性作用的仍是教师。学生的人文精神和自我价值的实现都需要教师做出有效的引导，这就对教师的各项素质和专项技能提出了严格的要求，除了要求教师的知识基础、专业水平、人格力量、道德修养等方面达到一定的标准外，其人文素质也需要不断提高。学校只有在确保高素质师资队伍的前提下，才能真正地树立以人为本的教育思想，才能培养出综合素质高的学生，这也正是将人文精神融入体育教学中的关键。

二、现代科学体育教学思想

（一）"健康第一"教育思想及应用

1. "健康第一"教育思想树立的客观依据

（1）"健康第一"的教育思想符合世界发展的潮流

所谓"健康第一"，其最基本的理念就是指在体育教学活动中确保学生的身体健康、心理健康以及良好的社会适应能力。1990年，我国首次将健康教育纳入教学计划，标志着我国的体育教育跨上一个新的台阶，与此同时，国家还大力倡导全民运动。在1999年的全国教育工作会议中，国家再一次强调健康体育的重要性，并将体育教育改革纳入教学改革的重要日程之中。2005年，党中央、国务院公布的《关于深化教育改革全面推进素质教育的决定》要求学校教育要以"健康第一"为指导思想，不断提高学生的身体素质。"健康第一"的教学思想一直使用至今，并逐渐形成现代体育发展潮流，在世界体育发展中得到迅速的传播和发展。

（2）健康教育思想适应了社会发展的需求

社会发展依赖于人才力量，国际竞争取决于人才竞争，"一年之计，莫如树谷；十年之计，莫如树木；终身之计，莫如树人"。人才不管是对于一个企业还是对于一个国家来说，都是发展核心，而高素质的人才除了具备出色的专业技能和丰富的知识外，同时还要有健康的体魄。因此，学校在培养高素质人才时，还需要特别强调学生的身心发展，努力贯彻和践行"健康第一"的教育理念与思想。

但有不少调查数据显示，当代大学生的身体素质普遍较差，男生和女生都有不同情况的健康病状表现，如头晕、精神萎靡、亚健康等。通过对大学生参与体育锻炼的情况进行调查发现，有相当多的大学生一周几乎不进行任何体育锻炼，所以学校还需要引导大学生积极参与体育健身活动，帮助学生培养良好的身体素质，促进人才全面发展。

2. 健康教育的主要任务及目标
（1）调整体育教学内容，普及科学的锻炼知识

科学的体育教学应考虑学生实际健康体质和心理状态，结合学校的体育硬件设施展开教学活动，做到因材施教，尊重学生的自主选择权，让学生有机会选择自己擅长或感兴趣的体育项目进行锻炼，引导学生形成自愿、积极、主动的学习态度。

（2）进一步完善体育与健康教育体系

在体育教学中有机融入体育人文学、运动人文学、健康教育学等人文内容，以极大地丰富体育教学内容，并充分体现体育教育体系的合理性和科学性，潜意识加强学生认识到体育健康教育的意义和重要性，让学生从自身角度上更加重视体育锻炼。另外，有关青少年身心健康的基本知识也需要对学生进行普及，帮助学生在进行体育锻炼时更加了解自身的身心状况。

（3）贯彻"学校教育要树立'健康第一'的指导思想"

在现代社会激烈的人才竞争中，若没有健康的体魄为载体，拥有再优秀的技术才能和丰富的知识都将难以施展拳手。因此，学校在重视文化知识学习时，还应当贯彻实施国务院所提出的"健康第一"的教育指导思想，同步培养学生的身体素质、心理健康、拼搏竞争、团结合作能力，以全新的教育思想观培养符合和顺应社会发展的新型高素质人才。

（4）高校体育教育要服务于学生体质健康

高校体育教育要服务于学生体质健康，应帮助和培养学生积极的体育态度、正确科学的运动方法和锻炼习惯，从而促进学生的体质健康发展。

（5）高校体育要服务于学生心理健康发展

高校体育应服务于学生心理健康发展，从一定意义上来说，心理健康甚至比身体健康更为重要，因为在竞争日益激烈的社会环境中，大学生的心智水平和三观都没有完全成熟，所以更容易诱发各种心理问题，若不加以重视则会导致严重后果，甚至危及性命。因此，学校在制定体育教学内容时应当更加关注学生的心理健康状况。

（6）高校体育要服务于提高学生的社会适应能力

社会适应能力包括学生的自我心理调节能力、社会责任感、遵守社会秩序感等，它是高校体育教育中不可忽视的环节。学校不仅是大学生受教育的重要途径和场所，更是承接学生从学校迈向社会的"中转站"，体育教育也应当秉承着教育对人才的"社会化"作用，深刻挖掘教育价值和意义，真正贯彻"健康第一"的教育理念，不断提升学生的社会适应能力。

3. "健康第一"理念下学校实施健康教育的途径

在当前社会背景和教育环境下，"健康第一"的教育理念在学校进行健康教育的途径主要有以下几点。

（1）提高体育教师的综合素质

随着社会的发展以及体育教学的深入变革，体育教师承担着教书育人的重要职责，无论是对社会发展还是对学生发展来说都起到极其重要的作用。对此，教师应不断提高自我的综合素质，充分发挥教师职能，认清职业使命，为人才培养而不懈努力。首先，教师应多加学习体育相关知识，充实自己、提高自己，如学习心理学、生命科学、社会学等，并树立终生学习的思想；其次，提升自身专业领域的造诣，比如参加各种相关的培训活动和高层次的进修活动，提高自身的理论知识水平，并取得高层次的学历考核；另外，教师还应当注重与其他学科的教师形成有效的协调合作关系，与家长和学生建立良好的人际关系。总之，新的体育教学中需要"复合型"的体育教师人才，即综合素质高的体育教师，要求体育教师必须多项技能集于一身，以适应教育和社会的不断发展。

（2）健康教育的有力保障在于体育、卫生、美育的有机结合

健康教育的有效实施还需要与卫生、美育有效结合，学生需要掌握一些基本的营养、卫生常识，虽然我国的教育改革目前还并未对此形成一个完善的体系，但体育教师在从事体育教学活动时，可以针对性地对学生进行适当的讲解，所以在进行体育教学内容安排时，需要紧抓学生的心理特征和青少年的生活习惯。另外，还应当增加拓展体育活动的开展形式，丰富教学内容和校园体育文化，比如增设健美操、攀爬等。体育是健与美的结合，所以美育是体育教学中不可缺少的一部分，能让学生真正领悟到运动美的所在。

（3）培养学生的健康意识和行为，使其自觉参加体育锻炼

培养学生的健康意识和行动应从学生自身实际出发，在开展体育教学时充分尊重学生的个体差异性，制定出适应学生身体和心理素质的体育活动，重视每一个学生的参与感，让学生形成自觉、主动、积极的体育锻炼意识。

（4）加强学生健康知识和锻炼方法的培养，培养学生良好的体育运动习惯

在传统的体育知识教授中，学生大多通过教师的讲解和示范获得知识技能，并进行自我模仿和摸索，其中教师强调学生动作技术完成标准化，但是却忽略了与体育相关的健康知识传授与提点。这在一定程度上导致了学生在进行体育锻炼时出现了盲目或用力过猛的现象，其锻炼方法不仅缺乏科学性和严谨性，甚至会对自身的部分身体机能造成一定损害，不利于身心发展。因此，教师在进行体育教学时，应同时强调健康知识的传授，要帮助学生形成科学有效的锻炼方法，充分考虑学生在体育锻炼中的可持续发展。

（二）"终身体育"教育思想及应用

1. "终身体育"思想的概念

"终身体育"是20世纪90年代以来体育改革和发展提出的一个新概念，是指人们终身都会接受体育教育并进行体育锻炼活动，体育活动有着明确的目的性，体育会成为人们未来生活中不可或缺的一部分。我国体育教学在终身体育思想的指导下，以体育系

统化、整体化为目标，为人们在不同的时间、不同的环境、不同的生活领域中提供了参与体育活动的机会和实践过程。增强体育锻炼是人们保持健康身体状态的有效手段，通过长期的体育锻炼，人们能在体育活动中获得快乐的情感体验，久而久之，会将体育当作生活的一部分，所以终身体育重在对体育富有浓厚的兴趣和长期的坚持。

对于当代大学生来说，人才市场竞争激烈，他们面临的不仅是一场智力的角逐，更是一场体力的较量，没有健康的身体，就很难成为最后的胜利者，所以提高学生对"终身体育"的认知是一个不容忽视的问题。对于高校的体育教学来说，让学生形成终身体育的概念意识，不仅能够推动体育教育的改革和发展，更是符合社会发展，推动全面体育目标实现的重要一步。

2. "终身体育"教育思想的基本特征

（1）体育运动锻炼时间的终身性特征

大学生处于生长发育的"黄金时期"，而学校作为学生发展终身体育的基础环境场所，能够有目的、有计划、有系统地对学生的终身体育意识实施全方位培养。但是，这种培养并不是说学生要把在学校所掌握的体育知识、技术、技能沿用至自己的一生，而是指引导学生学会在运用体育技能技巧时，如何根据自身不同的身体状况和发育特点进行有规律性、阶段性的体育锻炼，从整体来说，高校体育在终身体育上应当属于奠定基础的关键时期。

（2）体育运动锻炼群体的全民性特征

"终身体育"虽然是体育教学的指导思想，但也并不只用于教学领域，终身体育的概念随着中国改革和发展而形成和发展，其适用于不同领域和个体，不论是男女老少，抑或是学校体育、家庭体育、社会体育等都与之适应，因此，终身体育具有全民性特征。

之所以以终身体育为指导开展全民健身运动，其实质是为了推动群众体育在社会中的进一步普及和发展。随着现代社会的日益进步以及人们生活水平质量的不断提高，人们的生产、生活方式都发生了一系列的变化，工作、生活、学习节奏快，精神过度紧张，绝大多数人群的身体健康状况都并非良好，出现心脏病、肥胖症、高血压等健康状况。为了改善这一现象，终身体育锻炼便成为人们改善身体健康、提高生活质量的重要手段。

（3）体育运动锻炼目的的实效性特征

体育锻炼的目的性明显，人们可以根据自身不同阶段特征进行相应的身体锻炼，生长发育时期进行体育锻炼可以促进身体的正常发育；成熟时期可以通过体育锻炼来保持体力的充沛和精力的旺盛；年老时期通过体育锻炼延缓衰老、延年益寿等。

3. "终身体育"教育思想对体育教学的影响

（1）满足社会对体育教育人才培养的需求

以"终身体育"为体育教学指导思想，可以促进学生的身心健康发展，其培养出的人才更能满足当代社会对人才的需求。

社会劳动力主要由年龄结构、性别结构、职业结构等构成，无论是哪一结构，为了很好地适应社会发展以及更好地从事工作，人们除了需要依靠较高的专业水平及各种综合能力外，保持身体状态的健康才是最根本的基础。因此，人们不管处于哪一年龄阶段或哪一行业领域，都需要根据自身实际和环境进行相应的体育锻炼活动，以确保自身能更好地适应社会发展，使自己在生活和工作保持最佳状态。

在体育教学中，为了更好地实现学生终身体育发展与社会需求的结合，应当重点做好以下几个方面的工作。

①考虑学校体育发展与社会需求的适配性，明确学生发展需要与社会的实际需要；

②确定学生需要与社会需要之间的关系，学生需要是推动体育教学发展的动力，社会需要则是体育发展的外在要求；

③学生即为教学主体，体育教学应当以学生为主体，满足他们的学习和身体发展需求；

④从表面上看，学生需要与社会需要的终极目标是一致的，但实际上，两者的过程大有不同，当两者之间出现矛盾碰撞时，还需要灵活调节。学校的体育教学是为满足社会发展，但也不能仅为满足社会需求而服务，还应当充分考虑"以人为本""健康第一"的教学理念；

⑤在体育教学过程中，为了确保教学符合社会对体育教育人才的需求，应当全面了解和关注学生的生理、心理、思想、行为等方面的发展与变化，进而做出相应的教学评估以评判体育教学的合理性。

（2）推动新时期学校体育教学的改革

传统体育教学思想沿用已久，但是由于这种传统思想过度强调体育动作和技能技巧的掌握，而忽略其他方面的教学，从而产生了很多方面的问题，如学生在实际生活和工作中无法有效利用在校期间所学的体育知识，而真正所需要的体育知识教师又未曾在教学中有所教授，导致学生学习的知识在体育实践中无所适从。这使得学生在进入社会后进行体育锻炼的机会和时间大幅度减少，其身体状况也日渐下降，既不能更好地生活和工作，也无法适应社会快节奏的发展。

"终身体育"的体育教学指导思想是传统的体育教学思想上的进一步完善，它既追求学生对体育动作和技能技巧的标准完成度，又注重学生所掌握的体育锻炼能否具有实践功能，同时强调培养学生对体育的兴趣和热情、终身体育、体育参与意识，让学生掌握科学、合理的体育锻炼方法，以此推动学校体育教学的改革。

（3）满足学生未来体育生活化的要求

从"终身体育"的思想被提出一直到今天，它已经逐渐渗透到人们生活、工作、学习的各个角落，得到了国际上许多体育学者的赞同，逐渐成为一种新的现代体育思想。

学生在学校所形成的终身体育意识，在他们离开校园步入社会后还能对其他人群产生推动作用。在自身进行体育锻炼时，也能潜移默化地影响其周边的人，实现体育文化交流的真正意义与作用。学校在培养学生的终身体育意识时，会充分尊重学生的个体差异,使学生在未来不同的年龄阶段、生活环境、工作领域中,都能根据自身特点来选择不同的体育运动项目进行身体锻炼,受益终身。

(4) 推动我国人文体育的建设与发展

终身体育教育思想对我国人文体育的推动主要体现在以下两个方面。

一方面,加强人文体育建设不仅能够为体育教学环境创造良好的教学氛围,还能够使最后的教学结果获得较好的成效。另一方面,推动人文建设还包括提高体育教师的人文素质。体育教师作为课堂教学的引导者,能够对学生的学习方式、思维观念等产生直接的影响,所以加强教师的人文素质建设,能够让教师真正形成以人为本、以学生为主体的教育观念。建设人文体育是一个长期而又漫长的过程,这关系到全面健身意识的推动,因此,学校建设高素质水平的师资队伍势在必行。

学校作为一个重要的人才培养基地,除了加强文化知识的教育外,还应当把学生的个体需求与社会需求相结合;把体育健身价值与人文价值相结合;把固有的体育知识与终身体育相结合,真正地尊重学生,以学生为中心开展体育教学,促进学生身心的全面发展。

终身体育的思想不仅促进了体育教学的改革与发展,同时还推动了现代社会主义的经济建设,并与之有着深厚的联系。在社会经济不断崛起发展的背景下,随着人们对终身体育的认知越加深刻,终身体育不断地向社会提供了体育劳务这种特殊的体育消费品。人们通过坚持不懈的体育锻炼,既丰富了自身的业余生活,又提高了身心素质的健康,使自己能够以最好的状态投入到社会主义现代化建设中去,促进我国的经济建设与发展。

第三章 高校体育教学内容改革研究

体育教学是教学体系中的重要组成部分,对学生的身体和心理健康发展有着十分重要的作用。随着社会的变化和发展,体育教学也在不断地发展和改革,其教学内容的变革已成为当今体育教育界的重要研究内容。

第一节 体育教学内容基本理论

一、体育教学内容的概念

体育教学内容,即根据体育教学目标、学生身心发展需求、不同的教学条件对学习内容进行加工与整合,在体育教学环境下将体育知识教授给学生,其应不仅包含理论知识,还应包括运动技术和比赛方法等内容。

在体育教学中,教师在设计教学内容时应当以教学要求、前人经验、教育原则为依据,慎重思考、精挑细选、全面规划知识内容,从中提炼出最适合当前学生身心发展的概念以作为体育教学内容。教学内容反映教学的大致方向和进程,对体育教学实践起到指导作用。可以说,教学内容相当于体育教师和学生之间的中介和媒体,对两者之间的信息交流起着决定性作用。

此外,教学内容还应包括教师在从事教学时的具体步骤和做法,教师还需要从中考查学生的理解和掌握情况,从某一程度上来说,体育教学内容对体育教学的质量水平和成效起到非常重要的作用。

二、体育教学内容的特点

体育教学内容主要表现为以下五个特点。

(一)健身性

体育具有显著的健身性,不论是走、跑、跳、跃、投等身体活动形式,还是田径、球类、武术、游泳、摔跤、自行车、攀岩等项目内容，都具有增强体质、促进健康的重要功能。健身性是体育教学内容的本质所在，学生通过对体育的理论知识、技能技巧的学习，再通过合理的强度安排进行练习，可以强身健体，促进身心发展。体育教学内容的健身性特点是其他学科教学内容所不具备的。

（二）娱乐性

体育的娱乐性还要追溯到我国体育项目的起源，在最初的原始社会中，人们为了维持生存，不得不通过走、跑、跳、攀登等一系列动作获取物资，从而形成了最基本的运动动作。在古代时，有不少体育项目为军事、娱乐所用，如春秋战国时以跳得高、善于走路为标准优先挑选士兵；蹴鞠是王公贵族的娱乐活动项目，也就是发展至今的足球运动。体育所具有的这一娱乐性和乐趣性沿袭至今，它不仅帮助人们调节心理健康状态，还能帮助学生建立积极乐观、克服困难的精神品质，提高了学生的社会适应能力。

（三）运动实践性

体育教学内容的运动实践性特点是区别于其他学科教学内容的一大特征。体育教学的本身属性就是一种以身体为基础实现运动动作和技能结构的运动活动；是以运动为媒介，以大肌肉群的活动状态进行教育的内容。因此，体育教学不仅是大脑的思维活动过程，更是一系列以身体动作来对大脑理解的知识进行练习和检验的过程，所以体育教学内容的实践性特征尤为显著。

（四）教育性

体育教学内容作为体育教学的载体，在设计和选择上应当时刻注重其教育性特点。一般来说，体育教学内容的教育性体现在以下几方面。

（1）充分考虑学生的不同身体状况和心理特征，使最终的教学内容具有普遍适用性；

（2）适用于大学生身心发展；

（3）内容需要保证实践性、安全性、丰富性和突破性；

（4）传统体育教学内容与现代创新体育教学内容相结合，为新时代的学生设计更有创新性的教学内容；

（5）贯彻"健康第一""终身体育"的教育思想，避免将体育运动过度功利化。

（五）人际交往的开放性

体育运动项目丰富多样，在设计体育教学内容时，大多数活动项目都是集体性活动，学生们在共同的学习、练习、比赛过程中会有频繁的沟通、交流和合作，这与其他学科的小组讨论等形式完全不一样。相对来说，体育教学内容更具有人际交往的开放性特征，不仅能够帮助同学间建立亲密的、共同学习帮助的关系，还能够构建新型师生关系，促进师生的平等自由交流。

三、体育教学内容的层次

通常情况下，可以将体育教学内容分为两个层面，即宏观层面和微观层面。

（一）宏观层面

从宏观层面上来看，体育教学内容主要包含了三个方面的内容——国家课程和教学内容、地方课程和教学内容、学校课程和教学内容。

1. 国家课程和教学内容

国家课程教学内容即为国家所制定的与体育相关的教学内容，它是国家从宏观角度对体育教学活动实施的规划和管理。由于是站在一个较高的层次上，因此更多地体现着国家意志。

国家课程在进行体育教学内容设计时体现全局性，会根据人群不同的受教育程度进行课程开发，使绝大多数公民能够在接受教育后形成一个共同的体育素质基础，因此具有统一性、普及性和主导性作用。

2. 地方课程和教学内容

地方课程多由当地的省一级教育行政部门或授权的教育部门进行开发，其开发过程是以国家规定的各个教育阶段的体育课程内容为前提和基础，与当地的体育发展现状相结合制定出的具体的课程内容。在实施过程中，当地的体育和教育资源是课程内容制定的主要依据，体现地方性、特殊性和较高的针对性与适应性。

3. 学校课程和教学内容

学校课程教学内容由本校师资队伍为主要设计制作方，其是一种以国家课程教学内容和地方课程教学内容为基础的课程开发。相较于前面两者，学校课程教学内容更具有选择性，又由于需要与本校学生的身心发展和需求相结合，因此也更具有多样性特点。学校课程教学内容通常以社区体育资源和学校体育资源为基础，可以满足绝大多数学生的需求。

（二）微观层面

从微观层面上来看，体育教学内容的含义更为细微和具体，具体可以分为以下几个方面。

1. 第一层次

第一层次是最为基础、普及的层次，其主要分析和研究学生的运动参与、运动技能、身体健康、心理健康、社会适应，能够为体育教学内容的开发奠定基础。

2. 第二层次

相比于第一层次，第二层次更加具体化，其主要研究和分析学生的能力目标，如体育与健康课程标准明确的水平目标：学生的运动基础知识，如能够做出一些简单的运动动作并说出其术语。

3. 第三层次

这一层次多指体育教学中所需要的一些物质设施，即体育所需的一些教具，如篮球、足球、铅球、标杆等，还有与之相关的场所和器材设施。

4. 第四层次

这一层次是指一些比较实际的练习方法和手段，如某一体育项目内容下的教学细节以及如何帮助学生完成练习。

四、体育教学内容的分类

由于体育运动的项目众多，其内容也丰富多样，所以在进行体育教学分类时，以什么样的角度和逻辑对其进行分析便成为了一个重要的研究课题。合理地对体育教学进行分类有利于学生深入理解体育教学内容，有效完成教学任务和要求。

目前，关于体育教学内容的分类方法大致包含以下几大类。

（一）以体育教学目标为依据进行划分

首先按照教学目标进行分类，可以将体育教学内容划分为：掌握体育运动技能的练习、掌握科学锻炼方法的练习、提高运动过程中安全意识与能力的练习、不断发展体能的练习、提高心理素质的练习、加强社会交往能力的练习、提高基本活动能力的练习等。

这种分类方法是一种常用的教学内容分类方法，具有一定的目的性，能够体现现代体育的文化，同时确保体育教学内容的丰富性。

（二）以体育的功能为依据进行划分

这种分类方法是根据国家的体育课程文件对体育教学内容按照功能性的不同进行划分，其主要包含运动参与、运动技能、身体健康、心理健康、社会适应五个方面。

（三）以人体基本活动能力为依据进行划分

走、跑、跳、跃、攀登、负重等是人类身体活动的基本能力，根据这一特征对教学内容进行重新分类，更具有灵活性和实践性，属于较为常见的一种分类方法。

在实践过程中，可以结合理论教学内容，有针对性地对学生的各项身体动作进行拓展。从学生群体来看，这种分类方式对低年级的学生更具有优势，但是对高年级的学生来说却不利于突破性发展，因此具有一定的局限性，无法满足高年级学生更高的需求，会使学生缺乏体育运动的动机。

（四）以身体素质为依据进行划分

根据身体素质进行划分，即根据学生的肌肉力量、心肺耐力、身体协调、柔韧性、平衡性、灵敏性等实际身体素质状况，有针对性地采取各种运动项目进行锻炼，这种方法可以让学生明确地感受到身体机能与体育运动之间的联系，从而可以有目的性的发展自身身体体能。但从体育运动文化认知方面来看，这种分类方法具有一定的模糊性，容易造成学生对体育文化特征的误解，因为不是所有体育运动项目都是以提升身体素质为前提的。

（五）以运动项目为依据进行划分

根据体育运动项目的不同特点，大致可以进行以下类型区分。

（1）速度力量型：速滑、短跑、投掷、举重等。

（2）耐力型：竞走、游泳、滑冰、长跑等。

（3）表现健美型：体操、花样游泳、冰上芭蕾等。

（4）技能准确型：射击、射箭等。

（5）隔网对抗型：乒乓球、排球、网球等。

（6）同场对抗型：足球、篮球、橄榄球、冰球、曲棍球等。

（7）格斗对抗型：击剑、柔道、摔跤、拳击等。

（8）综合型：现代五项、现代冬季两项等。

（9）中国古代体育运动项目：斗剑、赛马、拔河、秋千、射箭等。

（10）中国少数民族体育运动项目：赛龙舟、武术、爬山、跳高、马上项目等。

（11）中国民间体育运动项目：跳绳、踢毽子、放风筝、抽陀螺等。

除此之外，还可以以更简单的方式进行项目划分。

（1）球类项目：足球、篮球、羽毛球、排球、高尔夫球、手球、垒球、乒乓球、保龄球、曲棍球、冰球等。

（2）竞技项目：田径、举重、马术、射箭、游泳、体操、跳水、拳击、举重、摔跤、现代五项等。

（3）冬季运动项目：高山滑雪、冰上舞蹈、花样滑冰、越野滑雪、速度滑冰、现代冬季两项等。

（4）流行运动项目：冲浪、高尔夫球、台球、攀岩、保龄球、冲浪、滑水、轮滑等。

（5）其他运动项目：铁人三项、登山、健美、跳伞等。

（六）综合交叉分类

综合交叉分类，即将理论知识内容、实践内容、提高学生身体素质的教学内容、不同运动项目的基本内容等相互交叉结合，其更具有综合性和全面性。

这种分类方法可以根据学生不同年龄阶段的身心发展特点和学生的基本学习需求来进行教学内容的安排，有利于教学目标高效实现，同时对于增强学生的身体素质具有一定的时效性。值得注意的是，这种分类方法无法用某一固定的、单方面的标准去衡量，因为它本身就是根据多个层次进行划分的，若单一地进行衡量或评价，就会引起混乱。

第二节 体育教学内容的编排与选择

一、体育教学内容的编排

（一）体育教学内容的编排方式

在进行体育教学内容编排时，由于学制本身存在的周期性和循环性，所以体育教学内容同样具有一定的周期性和循环性。循环性和周期性主要是指学年、学期以及课程方面某一单元或某一节课。例如100米跑步，教师在进行课程教学内容安排时，必须在至少两节课程上进行项目安排，而且是在不同的时间。因此，在理论基础上，我国的体育教学内容在编排方式上主要是以不同的体育内容和性质进行划分，具体可以从以下四个层面进行。

（1）"精学类"教学内容——充实螺旋式。
（2）"粗学类"教学内容——充实直线式。
（3）"介绍类"教学内容——单薄直线式。
（4）"锻炼类"教学内容——单薄螺旋式。

由此不难看出，螺旋式和直线式是体育教学内容编排的主要方式，其详细内容如下。

（1）螺旋式排列

螺旋式排列是指对体育教学内容按照发展过程进行曲折性的编排，强调其内容呈现从简单到复杂、从低级到高级的近似于圆圈式的发展，从自身出发，最终又回到自身，是一个递进式的提高过程。

（2）直线式排列

与螺旋式的循序渐进的排列方式不同，直线式教学是把课程的内容组织形成一条逻辑上前后联系的直线，且不具有重复性。

螺旋式课程排列和直线式课程排列都具有较强的实用性，都是以体育教学内容中的理论实践为基础，与实际教学过程中的各种状况相结合实现教学创新。但是相对来说，直线式教学排列主要是为了进一步提出螺旋式概念，即学生在不同的年级以及自身身心变化性的发展。

（二）体育教学内容编排的注意事项

在进行体育教学内容编排时，应注意以下问题。

1. 充分考虑学生基础与实际

学生是课堂教学的主体，因此，体育教学内容的编排应当充分考虑学生个体差异性，如男生和女生的不同生理和心理结构；不同年级学生的掌握体育知识的不同基础等。只有充分考虑学生基础和实际，才能使内容适应于学生需要，有效提升教学质量。同时，在体育教学过程中，教师还应当充分考虑体育运动对学生的难易程度，判断教学内容是否符合其需求，科学安排课程内容。

2.重视不同的体育运动和身体练习的特征

在进行体育教学内容编排时，除了要帮助学生理解和掌握相应的知识点外，还应当引导学生积极、灵活应用知识点，从而形成对知识的巩固、加深。

二、体育教学内容的选择

（一）体育教学内容选择的依据

1.体育课程目标

体育课程的目标具有多元性特征，若以其为体育教学内容的依据，有利于丰富教学内容。

体育教学目标在以教学内容为指导和引领方向，并通过多个教学环节验证目标是否科学，所以能够成为体育教学内容选择的重要依据。因此，体育教学内容都是遵循其教学目标而做出相应的选择。

2.学生的需要及其身心发展规律

体育教学的首要目的就是促进学生的身心发展，因此在进行体育教学内容编排时就势必要考虑学生的身心需求，其中要以激发学生的兴趣和热情为关键，这样才能达到更有效的教学效果。学习是一个主动参与的过程，若学习对象让学生感到富有愉悦、有趣，其参与程度也会大大增加，学习效率也会有效提升。这符合众多教育专家多提出的教育观点：兴趣是最好的老师。兴趣是一种无形的动力，若学生以兴趣为出发点参与到学习中来，学习则更具有意义。研究显示，当今大学生更倾向于参加各种课外的体育运动锻炼，但是对体育课却缺乏积极性和参与性，而这最主要的原因就是兴趣的缺乏。

3.社会发展的需要

学生的个体发展在社会中进行，与社会并存，良好的体育教学能够为学生健康的身体素质打下坚实的基础，因此，体育教学内容在选择时，除了重视学生个体的需求，同样不能忽视社会现实的发展。学生在未来社会中的发展所具备的体育素质及其社会生活，都需要与体育教学内容联系在一起，这样才能让学生体会到体育教学内容的实际作用，才有利于充分发挥体育教学功能。

4.体育教学素材的特性

体育教学素材的特性影响体育教学内容的选择。一般来说，其特性主要表现为以下几个方面。

（1）内在逻辑关系性不强

体育教学素材与其他学科的区别在于体育教学素材的内在逻辑性不强，无法完全根据学生的身心素质和体育项目的难易程度进行选择，通常只能根据运动项目来进行划分内容，其内容通常保持一种平行并列的关系，如足球和篮球、体操和武术、跳高和跳远等。从表面上看这些项目似乎具有一定的联系，但通过仔细区分和比对可以发现，它们之间又没有绝对的关联关系，而且也没有先后顺序关系，因此无法判断出某一运动项目就是另一运动项目的基础，也无法确教学内容的顺序性和规定性。

（2）具有"一项多能"和"多项一能"的特点

所谓"一项多能"是指，一个体育运动项目具有多功能性，以游泳为例，有人通过这一运动项目参加竞赛，有人通过这一项目进行娱乐，有人通过这一项目进行健身、塑形、减肥等。游泳作为一个单项运动项目能实现多个目标的共同实现，这就是体育"一项多能"的特点所在。而"多项一能"则是指不同的体育运动项目之间具有可替代性和互换性。比如从事投掷练习，可以扔沙袋、投小垒球进行练习，但同样也可以用推实心球、推铅球等项目进行替代训练。同样的，若是想通过体育活动来使自己的身心得到放松，不仅可以通过跑步、打球等项目实现，也可以通过游泳、骑自行车等项目来实现。因此，体育教学使得体育教学内容中没有必不可少的项目，没有强烈的规定性。

（3）数量庞大

数量庞大是指体育教学内容中的项目数量庞大、丰富多彩，且很难对其进行严格的归类和划分。既可以根据球类、田径类、体操类等不同种类进行划分，又可以根据传统体育项目、现代体育项目进行划分，还可以根据季节划分，如夏季奥运会运动项目、冬季奥运会运动项目。又由于每一个运动项目对练习者的身体素质都有着不同的要求，而教师又并非精通所有的体育项目，所以在进行体育教学内容编排时，很难找到一套具有综合性、全面性的运动组合针对所有学生，也几乎不可能编排出适合所有地区的教材内容。

（4）不同项目乐趣的关注点不同

即便体育项目具有互换性和可替代性，但是不同体育项目的乐趣点却并不一致，如篮球的乐趣就是在于其对抗性，运动员通过娴熟的技术与其他队员之间精妙的战术配合来获取得分；而排球运动的乐趣则是需要双方队员在各自的位置中巧妙配合，将球击到对方场地而得分。因此，在进行体育教材内容的编排时，还需要充分考虑到不同体育项目的乐趣点能否更适于现阶段学生的身心发展，像篮球、排球这类运动就更适合于高校大学生。

（二）体育教学内容选择的原则

体育教学内容选择的原则是指教学内容选择应具备一定的科学性和合理性。

1. 科学性原则

（1）必须有益于学生身心素质的协调发展，因为一些利于学生增强身体素质的体育项目并不一定利于学生的心理健康发展，因此在进行教学内容选择时必须注意两者之间的协调性。

（2）既要使学生能够对体育锻炼原理形成基本认知，又要帮助学生从根本上熟练掌握体育锻炼的技能技巧，提升学生学习训练的自觉性和积极性。

（3）保证教材本身的科学性。在未来，我国不会限制体育教学内的具体编排，但是应当避免选择一些科学性不够强的体育项目作为教学内容。

2. 趣味性原则

兴趣是人们活动强有效的动机之一，所以在进行体育教学内容选择时，应该尽量选择让学生感兴趣的体育项目，或是当下社会中较为流行的具有广泛性的体育素材。受传统体育教育影响，当前各种体育运动项目的健身价值和教育价值被忽略，因此运动教学相对缺乏趣味性，导致很多学生对体育都持有一种抵触心理。为了改善学生学习态度，就必须要努力增强学生体育教学的趣味性，使课堂教学对学生起到吸引、引导作用。

3. 教育性原则

教育性原则是所有教学活动的根本，在选择体育教学素材时也需要以教育性原则为出发点，分析教学内容是否符合学生身心发展、是否与社会价值观同步、是否与教育大纲一致。

4. 实效性原则

实效性原则是指体育教学内容符合学生的身心发展，符合社会发展的实际情况，能够收获相应的教学成效。国家在关于教学内容改革时就曾明确强调，要将教学内容"难、繁、偏、旧"知识点的偏重现象改观，转变为对学生兴趣点的激发，将学生的学习、生活状况与社会发展相联系，培养学生形成"终身体育"意识。在选择体育教学内容素材时，应当力求其具备较高的实效性。

5. 民族性与世界性相结合的原则

民族性是指我国部分传统体育运动项目具备的独特的民族色彩，以此作为体育教学内容素材的一部分，有助于培养学生的民族意识和民族自信。在保留这部分民族性时还要做到与国外的体育教学内容相结合，与时俱进，不盲目自信，也不崇洋媚外。

（三）体育教学内容选择的过程

体育教学内容在选择的过程中除了遵循一定的科学性外，还要遵循一定的客观程序，具体来说主要表现在以下几个方面。

1. 对体育素材的价值进行分析评估

在选择体育教学内容前，教师应当关注社会上的各种信息数据，并从实际情况出发，考虑社会发展对学生的影响和要求，以此作为对教育素材的评估和分析。同时还要对教学内容是否能够提高学生身心发展、是否能够培养学生积极主动的体育意识、是否能够提高学生的思想品质和价值观进行分析论证，从而选择合适的素材作为教材内容。

2. 对运动项目与练习进行充分的整合

不同的体育运动项目能够对学生的身心发展起到不同的作用和影响，教学内容应当与本校的体育教学目标保持一致，应当通过认真分析，有效整合加工各个体育运动项目的特点及其训练要求、训练符合等，使其与学生身心发展相契合。

3. 选择的体育运动项目要有效

为了保证体育教学内容所选的运动项目的有效性，在素材选择上就要确保其项目不仅具有一定的经典性和广泛性，对学生来说还要具有一定的趣味性和可操作性。

4. 对所选内容进行可行性分析

在确定教学内容后，要对其进行分析、论证、评估，以确保该内容的可行性。在分析过程中还要考虑一些外界环境因素和物质基础条件的干扰，为体育教学内容的实施做出可调整性的空间。

第三节 体育教材化

一、体育教材化的概念

体育教材化是指对体育教学目的、学生身心发展需求、教学物质条件等进行科学整理和加工，从而形成体育教学内容的过程。体育教材化，其主要可概括为以下几点。

（1）体育教材化是将体育的素材加工成体育教学内容的过程。

（2）体育素材加工的成果就是体育教学内容。

（3）在体育素材加工时，体育教学目标和学生身心发展需求为首要依据，以教学物质条件为辅。

（4）教材化的内容主要包括了素材的选择、加工、编排、媒介化等方面。

二、体育教材化的意义

体育教材化有着非常重要的意义和作用，具体来说，主要体现在以下几个方面。

（1）体育教材化提炼体育教学目标和学生身心发展需求中最核心的内容，并将其与相应的物质条件结合从而形成科学的教学内容，使教学内容具有一定的广泛性、适用性和目的性。

（2）通过对体育教学素材的有效加工，可以使最后得出的体育教学内容、教学目标与学生身心发展需求更加吻合，有效消除了体育素材和体育教学内容之间的互异性。

（3）若体育教学内容仍然繁杂，可以通过体育教材化的编排、整合来进行改善，使体育教学内容更加系统化、完整化、合理化，最大程度发挥体育教学内容的效用。

（4）体育教材化可以通过后期的编辑、加工工作，使其更加符合现实教学情境，成为更生动的体育教学载体。

三、体育教材化的工作内容

体育教材化的工作内容主要包括体育教学内容的选择、编辑、加工以及媒介化。

（一）体育教学内容的改造与加工

体育教学内容经过严格的筛选与编辑后，还需要进行进一步的加工和改造，以验证其科学性和合理性，使体育教学实践有序进行。

体育教材化的方法在教学实践中已经获得了不错成果，不同的教材化方法有着不同的优势。

1. 简化的教材化方法

简化的教材化方法是指对体育运动过程中高难度的技术技巧、复杂的竞赛规则、繁杂的体育器材设施等进行一定程度的简化，增强学生对教材内容的适应性。这种教学方法让学生更易于接受，也与体育教学目标和体育教师的能力等各个方面也更加匹配，操作时对于学生和教师来说更简单易行，是教学内容教材化的一种常用方法。

2. 文化化的教材化方法

文化化的教材化方法是指提炼体育运动中的各种文化要素，并将其具体展现在教材内容中，让学生充分了解体育运动的文化内涵，而不仅仅只是停留在对体育运动技术结构的认知层面上。文化化教材法通常是体育教学活动的辅助性内容，不适于理解能力相对较低的低年级学生，更适于高中和大学生，高校体育中适当纳入文化化的教材有利于学生理解体育文化的性质，从深层次了解体育本身，从根本上培养体育运动兴趣。

3. 理性化的教材化方法

理性化的教材化方法具有一定的深度和广度，即对各种体育项目所蕴含的运动原理和知识进行采集整理，并将所采集到的有效信息纳入体育教学活动中，这种教材化方法适应于高校大学生群体，学生只要做到真正理解和掌握知识，就能够在实际学习过程中做到触类旁通。

4. 变形化的教材化方法

变形化的教材化方法是指改造原有的体育教学内容或体育运动动作，从而形成一种新的体育知识点或动作技巧。这种教材化方法是为了适应教学需要以及当代学生的个体差异化，如"新体育运动项目"就是体育运动的一定程度的变形。当教学环境有限或某一动作技术具有一定的难度时，运用变形化教材方法有利于增强学生的适应性，取得理想的教学效果。

5. 生活化、实用化的教材化方法

生活化，是指体育教材的内容与实际生活相关，便于学生在学习掌握之后应用于现实生活；实用化则是指将体育教学内容与实用技能相结合，如与野外化运动和冒险化运动相结合，这种方法更能激发学生的学习兴趣与动力，能够有效调节学生的积极性，提升学习效果。

6. 动作教育化的教材化方法

动作教育化教材化方法是指提炼体育运动中的理论依据，再通过归纳和总结，对青少年的体育活动或身心发展提出有针对性的教材内容，如较为典型的教育性舞蹈、教育性体操等。这种方法通常适用于低年级的学生，能够帮助他们形成最基础的活动能力，而高校体育教学的基础动作教学可以适当采用此方法。

7. 游戏化的教材化方法

游戏化教材化方法顾名思义就是将各种体育教学内容用"情境"的环节设计的方式展示出来，改变传统教学内容单调、枯燥的特点，让学生能够在轻松愉悦的氛围中边玩边学，增强学习效果。

8. 运动化方式教材化方法

运动化方式教材化方法是指以运动原理为依据，为满足学生不同的身心发展需求，对运动的强度、重复次数、速率等因素进行有效的组合和排列从而形成教材的方法，这种方法能够大大提高学生的身体锻炼欲望。

（二）体育教学内容媒介化工作

体育教学内容媒介化是体育教学化的最后一个环节，这是一个以媒介为载体，将教学内容转换为教材形式的过程。

体育教学内容媒介化形式丰富多样，例如，教材、图片、多媒体课件、黑板板书、学习卡片等形式。

1. 多媒体课件

教师将体育教学内容以多媒体课件形式进行授课，是新技术与教学相结合的一种表现，它是现代教学所常用的一种方式，能够有效吸引学生的注意力，从听觉、视觉等方面达到有效的学习效果。

2. 体育学习卡片

体育学习卡片是体育教材中的一种辅助性学习材料，是以卡片为载体的一种教学形式。体育学习卡主要起到如下作用。

（1）在体育教学中向学生提供学习信息。将教学内容转变为卡片形式，有利于将其作为一种信息补充资料传达给学生，帮助学生抓住要点、准确掌握概念、快速习得技巧。

（2）在体育教学中对学生思索问题起到积极的促进作用。对于书本中没有明确体现的一些公式、合力、力矩、向心力、离心力、抛物线等概念性的知识点，通过卡片范例的形式展现给学生，能够有效引发学生注意力，让学生更易掌握其中关键要点。

（3）在体育教学中对学生的互相交流有所帮助。学习卡片除了能帮助教师展开教学工作外，同样还能帮助学生解决学习中的各种疑难问题。学生可以将自身在学习中所遇到的难题和困惑以卡片的形式记录下来，与同学或教师开展讨论和沟通，共同解决问题。这不仅利于提高学生发现问题、总结问题的能力，还有助于同学之间、师生之间的沟通和交流，有效培养和提高学生的团队意识与集体荣誉感。

（4）对学生自我评价有所帮助。卡片有利于帮助学生正确认识自我。在体育学习完成后，学生可以将自己本堂课的学习心得和感受写在卡片上，对自己本堂课的表现作出总结和归纳，并对此做出较为客观的评价，在下一堂课开始时与之有效结合，增强学习的完整性。

（5）有助于师生进行交流说明。卡片形式有利于师生之间的沟通，当学生在课堂发现一些疑问或问题时，或对教师有一些建设性意见时，都可以将其写在卡片上，便于老师对此形成一个整体的了解，从而做出针对性的改善，有效提高教学效果，同时，还促进了学生与教师之间的情感。

（6）对学生在课中进行自学有所助益。相比于其他学科，体育学习自学的机会要多得多，所以卡片作为一种重要的方法，就成为自学过程中有利的学习工具，能够有效弥补教科书中的不足之处。

第四节　高校体育教学内容的发展与改革

一、高校体育教学内容的发展

（一）高校体育教学内容的发展现状

从我国现阶段的发展形势来看，我国高校体育教学内容的发展状况体现在以下几个方面。

（1）从全国来看，高校体育教学内容的数量正在不断被精简，而难度也在日益增加，这主要表现在各种体育运动项目的动作结构愈加复杂，不仅对学生的学习能力提出了更高的要求，对教师的教学素质也相应地提高了要求。

（2）体育教学内容仍然注重动作技术和技巧的完成度，即重视"练"，而不少运动项目的趣味性被忽视，无法充分发挥运动项目的优势。

（3）我国体育教学虽然起步较晚，但是发展速度较快。我国竞技体育在国际体坛中占据了越来越重要的位置，这使得我国各个高校在进行体育教学时，纷纷以竞技体育取代传统体育教学内容，转为符合当下社会发展的新型体育教学内容，使体育教学更加规范化、科学化。

（4）随着国家对体育教学的重视，在体育教学中所需要到的各种运动器材也更加正规。

（二）高校体育教学内容的发展趋势

高校体育教学内容的发展趋势可以大致归纳为以下几个方面。

1. 充分考量终身体育目标的要求

高校是教师教导学生形成终身体育的重要场所，也是学生具有终身体育概念的关键时期。终身体育目标的形成取决于学生的学习态度、掌握体育知识的程度等，所以在体育教学中，教师应当更加注重体育的文化性和娱乐性传递，将其贯穿体育教学始终。

2. 学生价值主体受到的重视程度越来越高

传统的体育课程教学都是一切以教师为主体，主要通过教师不断地"灌输"知识来完成体育教学。在选择体育教学内容时，也多以教师对教学内容的价值取向为主来选择，学生在所有环节中都是处于一种被动地位。随着文化的不断提升以及教育的不断改革，国家和教育工作者开始意识到学生作为知识接受者才是课堂教学的主体，所以在进行体育教学内容选择时，学生的价值取向被逐渐重视。

3. 更加注重教学主体发展的全面性

当前体育教学注重学生的全面性和综合性发展，其中尤其强调学生的素质教育。在选择体育教学内容时，学校具有重要的责任，其选择内容不仅要符合国家素质教育的要求，还要与当代学生不同的身心结构相结合，这样才能真正实现学生的全面发展。

4. 不断引进民族特色项目

在各种现代体育运动项目不断重视和发展时，我国一些具有独特色彩的民族传统体育项目与需要适当地引入到高校的体育教学中来。我国的民族传统体育运动项目不仅具有健身价值，其独特的运动形式也更能彰显其趣味性，更易受到学生群体的青睐，同时，也更能促进学生对我国体育发展史的了解，增强学生的民族认同感。

二、高校体育教学内容的改革

高校体育教学内容的改革过程并非一帆风顺，也并非完美，随着文化的发展进步，人们开始对传统的体育教学进行探索思考，力求得出一些新的思路，其中就有几个显著的问题值得重视。

（一）高校体育教学内容改革中存在的问题

1. 体育教学内容繁多且较杂乱

我国体育运动项目多种多样，在进行教学内容选择时，为了能够让学生得到充分的发展，会将各种运动项目引入教材内容中，从整体上看，其内容虽多，但也显得尤为杂乱，虽面面俱到，但却没有突出重点。不仅教师无法真正将所有运动项目的重点教授完成，即便学生在学完后，通常也只学到一些表象知识，没有得到深刻的理解和认识，也没有熟练地掌握其技术技能。

2. 体育文化知识含量少，缺少以健康为主题的教学内容

人们对体育的认知普遍只停留在对运动动作和技能结构的表面上，对内在的诸多文化含义却没有深刻领会。如体育人文精神、体育文化欣赏、体育道德风尚、奥运知识等

并未在体育教学内容中体现，极大地限制了学生对体育文化的认知。

3.体育教学内容过于陈旧和单一

体育教学内容的陈旧和单一主要体现在，体育运动动机的技术结构还是承袭着传统教学内容体系，没有与一些前沿性和现代性的内容相结合，以致课程单调乏味，让学生感到枯燥。

纵观社会上陆续出现的各种体育项目，其本身都颇具有健身性和娱乐性，但是由于受传统体育教学思想的影响，教学工作者并没有将这些现代体育运动项目与体育教学相结合，其改革性和开放性始终无法体现。

（二）高校体育教学内容改革的思路

1.遵循以人为本的思想，满足体育教学主体的需求

遵循以人为本的思想就是充分保证学生的主体地位，为满足学生对体育教学的需求，有针对性地选择体育教学内容素材。由于我国体育教学制度的不断改革以及社会的不断进步，学生对于体育教学的需求与以往大不相同，过去的体育学习中，学生的认知程度仅仅停留在增强身体素质，而新生事物的不断涌现，促使学生更加注重体育运动的趣味性。因此，在选择体育教学内容时，可以适当地增加一些新兴的运动项目，如健美、舞蹈、韵律体操、滑轮、自行车等，这不仅丰富了教学内容，还能够调动学生的积极性。

2.要对隐性体育教学内容引起重视

隐性体育教学是指与体育相关的道德修养、体育精神、思想作风、人文素质等无形的内容，这些内容虽然没有形成实质性内容，但是也是体育教学内容中不可或缺的一部分，其可以有效培养学生的学习态度、纪律观念、集体荣誉感、社会道德水平、意识品质。

3.增加健康教育的内容

在体育教学内容中增加健康教育内容不单单是指身体健康方面，还包括心理健康、意志品质健康、行为习惯健康等方面。以学生的身心发展以及掌握知识程度依据，进行有针对性的教学内容安排，充分发挥体育运动项目的多功能作用，有效激发学生学习兴趣，提高学生的参与度。

第四章　高校体育教学方法改革研究

方法的重要性毋庸置疑，对于体育教学来说，教师在教学过程中选择的体育教学方法对激发学生的学习兴趣、教学目标的完成、教学效果的达标都起到重要影响，所以在体育教学中必须要选择科学正确的教学方法。

第一节　体育教学方法的基本理论

一、体育教学方法的含义

体育教学方法是一个总称，其包含了在体育教学过程中采取的多种教学方式和教学手段，目的是达到体育教学目标，并且具有教学可操作性以及有效性。体育教学方法是一个整体概念，可以对其进行多方面的理解。

（一）体育教学方法是"教"与"学"的统一

顾名思义，体育教学方法实际上包含的是教师的"教"与学生的"学"两方面的内容，即教与学的统一，其强调的是师生的互动交流。只有师生两个主体都充分发挥主体性，才能取得有效的教学效果，教学方法的作用才能得到充分发挥。针对学生的整体或个体情况，教师选择合适的体育教学方法和手段，这样有针对性的教学方式带来很强的互动效果，从而在师生的交流接触中，逐步达到教学的目的。因此，体育教学方法的本质是"教"和"学"的关系处理，这两个内容是教学方法必备的。

（二）体育教学方法是师生动作和行为的总和

教学方法运用于教师和学生两个主体中，由于体育教学的特殊性，教学方法实际上要通过师生两个主体的互动才能得以实施，所以两个主体的行为动作以及有关教学的互动总和属于教学方法的内容。体育教学与其他科目教学有很大的区别，体育要落实到身体动作上，所以在教学过程中，除了语言的交流，更多的是用身体动作交流，而为保证动作的正确和规范性，体育教师要进行相应的示范、讲解，观察学生的动作是否合格，发现动作错误时要及时纠正，帮助学生掌握正确的动作和技能，还要注意监督学生重复练习以达到最终掌握正确的动作和技能的目的。从这一角度来看，体育教学方法是教师和学生的动作和行为的总和。

（三）体育教学方法与教学目标不可分割

方法是目的的手段，教学方法是为达到教学目标而产生的，脱离目标则方法的存在就没有了意义。教学方法为教学目标而服务，采取教学方法是为了教学目标能够更高质量、高效率地实现，两者是密切相关的。目标是方法的依托，方法是实现目标的必要途径，二者具有不可分割性，因为一旦分割开来，那么教学方法将失去了方向，而教学目标也无法实现。

（四）体育教学方法具有多元化功能

随着社会的发展，体育被赋予了更为丰富的内涵，体育教学的功能也趋向多元化。当代社会，体育教学不仅让学生掌握动作和技术，还承担着促进学生全面发展的使命。因此，体育教学方法也要相应地具有多元化功能，不仅要进行体育动作的教学，还要促进学生身体素质和运动能力的增强，此外还要培养学生的思想道德品质，提高学生的心理素质，促进学生全面发展的体现。

二、体育教学方法的分类

目前，业界对于体育教学方法并没有确定统一的分类标准和划分依据，现在一般根据经验将体育教学方法划分为教法类、学法类及练法类三种类型。

（一）教法类

1. 知识技能教法

（1）基本知识的教法

体育的基本知识包括体育基础理论以及体育保健方面的知识，体育基本知识的教学方法与其他的注重语言要素的学科的教学方法类似，由于体育的基本知识涵盖许多方面，所以体育的知识技能的教学方法分类比较复杂，在采取的分类依据不同的时候，对知识技能的教学方法的划分不同。教师应根据具体的教学情况选择相应的教学方法，应注重体育基本知识与体育活动实践的结合，同时还要在教学过程中注意师生间的情感交流，以便更大程度地发挥出体育教学的多功能作用。

（2）体育技能的教法

体育技能的教学方法即为最常见的运动教学方法，教授的对象是体育运动，比如体育动作、实践技术等内容。体育技能的教学因为涉及大量的身体动作，即身体要素，所以与其他注重语言要素的学科的教学有着很大的区别。在教学时，教师首先应明确教学的目的，例如帮助学生掌握运动的动作和技术，或是增强学生的身体素质，明确了目的之后，将能够达到目的的内容列出来，并对教学内容进行分析和处理，经分析后选择合适的教学方法来完成教学内容，以达到教学目的。体育教学方法应根据具体的教学内容来选择，因此，体育技术技能教学方法有着适应性强、灵活多变的特点。

2. 思想教育法

思想教育法是指对学生进行思想品德教育的方法。由于体育的内涵和功能日趋多元化，体育也承担着德育的重要任务。在体育教学中开展思想教育时，要结合体育的特点，采取适应体育教学的方法来培养学生良好的思想道德品质，这样才能取得有效的教育效果。在体育教学中，要注重学生的与体育相关的道德和精神的培养，比如顽强拼搏、勇于坚持、敢于挑战等意志品质，以及团队协作、集体主义的意识，同时要注重促进学生的个性化发展，要帮助学生树立起正确的价值观念，鼓励学生的创新和探索思想及行为。

（二）学法类

学法类的体育教学方法的作用是指导学生掌握自主学习的方法，培养学生自我学习、自我提升能力。在帮助学生掌握学习方法时应注意两个方面：首先，要帮助学生培养自我学习的能力，确保其能够有效掌握现有的体育知识和经验，在继承的基础上发挥自己的创造力，将自身掌握的体育知识和技能实现良好发展；其次，要帮助学生将相应的体育知识结合自身的个性以及身体素质的特点，使其养成终身体育的意识并拥有可以促进终身体育的能力。以长远的眼光来看，学法类的教学方法培养的是学生自主学习的能力，不仅要帮助学生掌握相应的体育知识和技能，还要培养其热爱体育的兴趣，使其能够在今后的生活中保持体育锻炼的习惯，养成终身体育的意识。

（三）练法类

练法类教学方法的作用是指导学生进行体育锻炼，是最直接也是最具体育本质特征的教学方法。该类教学方法直接指导学生进行体育锻炼，对于学生的身体素质以及运动技能的发展产生的作用和效果最为显著。采用练法类教学方式时，应确保学生能够理解和感受身体运动时感觉，这是动作教学的基础。该类方法的教学效果因人而异，并且方法众多，一般要根据不同的教学内容来选择合适的教学方法，为方便教学，一般会将体育教学划分阶段，每一阶段有其相应的教学方法。

1. 第一阶段

在体育教学的第一阶段，教学目的是建立动作技术的直观表象，即加深学生对体育运动和动作的记忆和理解，通过一般记忆来达到知识学习，此阶段一般会运用听、看、思、记等手段来帮助学生深刻认识体育运动。该阶段可以采用的方法有观察法、形象思维法、归纳思维法等。

2. 第二阶段

第二阶段的教学任务是教授给学生体育运动技术并及时矫正学生的错误动作，帮助学生掌握正确的体育动作。该阶段可以采取的具体方法有模仿练习法、分解练习法、重复练习法、游戏练习法、循环练习法等。该阶段的教学方法任务是使学生掌握完整、正确的体育动作。

3. 第三阶段

第三阶段的教学任务是巩固并提高学生掌握动作技能的熟练度和精准度，该阶段可采取的具体方法有强化练习法、比赛练习法等，教学重点是使学生将学习到的体育动作融会贯通。

在体育教学过程中，可以单独使用某种教学方法，也可以将多种教学方法进行有效的融合，使之形成体系，以便科学运用。但要注意的是，教师要让学生明确各种方法的目的和作用，使其明白方法之间的联系，这样才能加深学生对体育动作的理解，从而取得更好的教学效果。

三、体育教学方法的特征

（一）多种感官集体参与性

由于体育教学的特殊性，在体育教学活动过程中需要调动人体多种器官共同参与，需要做到感知、思考和练习统一，才能够保证体育"教"与"学"的顺利完成。以具体的体育动作的教学为例，首先需要教师为学生进行动作示范，并为学生讲解动作的要点，学生则需要理解教师讲解的理论知识，并根据自己的观察和理解模仿教师的动作，随后进行动作的重复练习，此外，教师还要对学生的动作规范性进行观察，纠正其错误的动作。在整个过程中，参与者需要观察、聆听、思考、动作，调动了眼睛、耳朵等多种器官共同完成训练活动。

根据体育教学活动需要多器官集体参与的特点，教师应在体育教学的过程中运用多种方法，以便有效调动学生的各种器官参与教学活动，使得学生更专注投入地参与到教学中，以促进学生更有效率、有质量地完成相应的体育学习。也就是说，教师应在教学活动中引导学生集中注意力、积极思考，引导学生注重对动作技术的调节控制，并进行大量的重复练习加深记忆，以达成良好的教学效果。

（二）感知、思维和练习有机结合性

学生学习体育动作是一个复杂的过程，需要经历感知、思考、记忆、想象，最终将思维落实到身体动作中并成功掌握正确的动作的过程。所以，体育教学是思维和练习相结合的过程。在体育教学中，学生首先需要感知外界信息，在大脑接受信息后进行思维

活动，分析并处理信息，最后依据处理结果作出指令传达至身体器官完成相应的动作。练习的原理是使学生通过不断重复的动作建立起相应的动力定型，形成身体记忆，实现动作的自动化，以此达到牢固掌握动作的目的。因此，体育教学方法的实施过程同样也是需要主体将认识与实践结合、思维与身体相结合的过程，是感知、思维和练习三者的有机结合。在体育动作的学习过程中，感知信息是学习动作的基础，思维活动是学习动作的核心，练习是掌握动作的重要手段。

（三）实践操作性

体育教学与其他学科最大的区别就是注重身体要素，即教学的主要的方式是身体运动，所以其教学方法必须要能够应用于体育实践，具备实践可操作性。体育教学方法中也借用了室内学科教学的方法，例如用于理论知识或动作要领的讲解法。在借用或借鉴室内学科的方法时，必须要根据体育教学的特点、环境以及学生的具体情况来加以调整，以适应体育教学。

由于体育教学更多的是身体的运动，学生需要实时体会自身的运动感受才能有效完成体育学习，因此教师在教学方法的选择和安排上，一定要体现体育教学的实践特点，不能只将教学停留在理论层面，否则达不到学生牢固掌握动作技术的目的，也无法起到增强学生体质和心理素质的作用。体育教学方法最终用于教学实践，必须得到体育教学实践的检验，才能判断其有效性。

（四）时空功效性

体育教学的整体过程可以被划分为不同的阶段，在不同的阶段都有着鲜明的阶段性特点。在教学的初级阶段，往往是教师在主导地位教授学生体育知识和动作，随着教学的阶段性推进，学生在体育教学中掌握了更多知识，主体地位逐渐增强。而在体育教学的过程中，教学方法发挥着重要的作用。比如在教学的最初阶段，需要激发学生的学习兴趣和主动性，教师要运用合适有效的方法，通过讲解、示范等途径使学生理解和掌握相应的知识和技能。学生也要根据教师的教学方法找到对应的方式来感知、理解和掌握相关的知识和技能。在随后的阶段里，所采用的教学方法也会不同。所以，教学方法在不同的教学阶段都有着重要地位，这是教学方法的时空功效性特点。

（五）运动与休息合理交替性

在体育教学过程中，学生需要调动身体的多种器官集体参与到教学活动中，并完成一系列的思维与动作活动。高强度的教学会令学生的大脑和身体产生疲劳，随着体能和身体机能下降，学习效率也会下降。所以，为了保证教学活动正常进行，确保学生学习的效率，教师应在教学过程中安排必要的休息活动，否则高强度的教学将会超过学生的负荷，容易造成消极影响。因此，体育教学方法也要注重运动与学习的结合，将学生的负荷情况考虑在内，安排适当量的教学内容，同时要注意给予学生充分的休息，以便其恢复身体机能，从而保证学习效果。

要注意休息不一定是指完全停止所有活动的消极性休息，而是通过轻松的活动来放松身心，消除疲劳，达到一种积极性的休息。教师安排休息时应考虑具体的教学情况，注重积极性休息和消极性休息的结合，使得休息能够更好地达到预期效果。

（六）继承发展性

体育教学方法诞生于长期的体育教学实践过程中，并随着体育的发展而不断发展，经过内容的丰富、创新和改革，现在的体育教学方法已经形成了独特的科学体系，具有强壮的生命力，在体育教学过程中具有重要的地位和作用。得到广泛使用的教学方法具备一定的使用价值，现在的教育者可以对前人的方法和经验进行整理和借鉴，在继承传统经典的教学方法的基础上不断创新，完善体育教学方法体系。在采取教学方法时，要选择符合实际情况的方法，不能盲目照搬或模仿所谓的先进方法，也不能盲目迷信现代化，适合才是最重要的。

四、体育教学方法的价值

（一）有利于推动体育教学任务的实现

要完成教学任务必须要有相应的方法和媒介，而连接教师和学生这两个教学主体的媒介就是教学方法，师生之间经由教学方法而产生了互动，加强了联系，由此产生了教学的具体活动，如教师的讲解、示范、练习等。合理有效的教学方法有利于推动教学任务的完成。

（二）有利于良好教学氛围的营造

选择合理恰当的体育教学方法可以很好地适应学生的学习情况。学生在学习过程中感到顺利便会更加激发自身对体育活动的积极性，其学习动机也会更强。学生学得顺利，教师教得顺利，学生对体育教师的信任度更高，师生间产生了良好互动，有利于营造良好的教学氛围。反过来，良好的教学氛围又容易感染学生的情绪，激发其学习兴趣，调动其主动性，使学生自主参与体育学习。科学合理的教学方法与良好的教学氛围之间相互影响，形成一种良性循环。

（三）有利于促进学生身心的全面发展

好的体育教学方法受科学的理念所指导，教师会受到科学理念的熏陶和影响，于是在具体的教学内容中也更加科学合理。以科学合理的教学方式进行体育教学对于学生来说十分有利，有利于引导学生树立正确的体育理念，能够为学生指引体育学习的正确方向。教学方法实施的具体过程，实际上是对学生的体育知识和体育运动技术的传授和锻炼过程，良好的教学方法不仅会注重对学生在理论知识和实践能力方面的培养，还能锻炼学生的意志品质，对学生的情感活动也会考虑到。所以科学的教学方法有利于促进学生身心全面发展。

（四）有利于体育教学质量的提高

科学合理的体育教学方法有利于教师高质量地完成体育知识或体育动作教学任务，并利用有利的因素充分提高学生的学习兴趣与热情，调动学生的主观能动性，有利于提高学生的学习效率，从而提高体育教学的质量。

第二节　高校体育教学之慕课教学

一、慕课的概念

（一）授课形式

慕课指的是通过一个共同的话题将教育工作者和学习者集中在同一个网络平台，从而进行在线教育。目前，绝大多数的慕课都是通过话题研讨的方式来进行授课，即授课者对这一话题进行系统的阐述，学习者则按照授课章节体系进行学习。通常情况下，慕课课程对学习者的要求并不高，当出现一些难以理解或较为专业的内容时，授课者会进行详细的阐述。

（二）主要特点

1. 规模大

慕课不同于其他以个人名义发布的课程，它是依托于网络平台向外界开放的大规模课程。慕课作为大规模网络开放课程，面向所有网络用户开放，其规模是个人课程远不能及的。

2. 开放性强

对于慕课开发者而言，他们首先必须要严格遵守创建共享协议，然后进行后续一系列课程设计工作。因此，慕课具有极强的开放性。

3. 网络课程

慕课是以线上教学形式开设的课程，人们可以通过网络平台进行学习，并且不会受到时间和空间的限制。在互联网时代，人们可以通过学习慕课接收来自世界各地的学习资料。

二、慕课在高校体育教学中的应用

（一）高校体育教学中慕课的应用价值分析

慕课进入课堂以后，一直受到国内学者的广泛关注，各高校也逐渐开发富有本地特色的慕课，并且受到广大学生的欢迎。从目前来看，我国关于高校体育教学的慕课还比较少，人们片面地认为高校体育教学偏向于实践，因此不重视相关的慕课开发工作，但实际上慕课对高校体育教学活动的开展具有重要的推动作用。

在互联网时代，人们的日常生活都离不开网络，网络已然成为了人们生活的重要组成部分。慕课是一种依托于网络平台的线上教学，它能够同时满足人们对互联网的需求和对学习知识的需求。与此同时，慕课还具有一定的主动性特征，人们不会被动地进行学习活动，而是根据自身的需求来选择最合适的课程，这与传统高校体育课程教学存在明显的差异。另外，慕课的学习资源相当广泛，即便身处国内，我们也可以通过网络平台来了解国外的体育运动知识，从而拓宽自身的知识面。

在传统高校体育课程教学中，体育教师主要以示范、讲解的方式来进行教学活动，然后学生再重复教师的动作，直到最终完全掌握。一般情况下，一节体育课程的时间为 45 分钟，在这 45 分钟内，教师要完成示范、讲解的工作，而学生要完成练习工作，因此教师和学生要在课程教学过程中分别占用一部分时间，当教师在示范、讲解方面花费的时间较多时，就意味着学生将没有足够的时间用于练习。与此同时，传统高校体育课程教学一学期只对一种运动项目进行教学，即便是大学生拥有充裕的时间来学习这项运动，他也最多只能掌握一种运动项目。另外，由于每个学生的学习能力存在较大的差异，教师也并不能保证每个学生都能够掌握同一项运动项目。

慕课不同于传统课程教学，学习者能够在不受时间、地点限制的情况下进行学习。当慕课结束后，学生能够自行地进行练习，以便于及时掌握相应的体育动作和技巧。在高校体育慕课中，教师不仅对体育动作进行详细的讲解，还会对体育动作进行示范，使学生既能够在观看慕课的过程中学习理论知识，也能够练习并掌握相关的动作技巧。与此同时，高校体育慕课中所包含的体育运动项目较为丰富，学生可以根据自身的需求来选择不同类型的体育运动，这样不仅能够提高自身的体质健康水平，还能够极大地激发学生的潜力。

近几年来，我国高校大学生的体质健康水平一直受到人们的广泛关注，家长为了提高学生的体质健康水平，经常带着孩子进行一系列体育锻炼活动，但是取得的成效却远不及理想目标。虽然参加一定的体育锻炼活动确实能够促进身体健康，但是前提是掌握正确的锻炼方法，如果没有选择正确的锻炼方法，那么不仅造成了时间的浪费，还会对身体产生一些损伤。因此，学生应当积极参与高校体育慕课的学习，跟着专业的体育教师进行学习，完成体育锻炼活动，从而有针对性地提高自身的身体素质。

（二）慕课应用在高校体育教学中的未来发展

从目前来看，我国大多数高校的慕课教学方式还处于摸索阶段，有些内容还无法完全用于我国高校的教学活动，这就要求我国教育工作者积极参与高校体育慕课的研究工作，加快高校体育慕课与我国传统体育课程教学的融合和创新，从而推动我国高等教育事业的发展。

由于各个高校的实际情况不同，因此各高校应当以本校的实际情况为依据来开发高校体育慕课。在录制慕课视频的过程中，学校可以安排多个教师分别进行录制，并将这些慕课视频上传到学校网站，而学生可以根据自身的需求来选择不同教师的慕课。与此同时，每个教师的教学风格不同，因此他们对于同一课程的讲解往往会产生不同教学效果，学生可以根据自身的需求来选择不同教师主讲的慕课。在选择公共选修课时，如果有些学生由于各种原因无法从传统课程教学中选择合适的课程，那么他们可以选择慕课作为公共选修课，这样不仅能够缓解传统公共体育选修课的压力，还能够提高学生的听课效率。在高校体育慕课教学中，学生主要通过网络平台进行学习，而教师无法对学生进行督促与管理，这有利于培养学生的自主学习能力。值得注意的是，体育教师和学生都必须要正确认识高校体育慕课，高校体育课程的考核工作必须要以严格传统体育考核要求来进行，这样不仅能够有效地避免学生在考核过程中出现徇私舞弊的情况，还能够对学生的慕课学习效果进行检测。

虽然高校体育慕课在一定程度上能够代替传统高校体育课程教学，但不能忽视体育教师的指导作用。在开展高校体育慕课的教学过程中，学生一般能够根据视频资料来学习相关的体育动作，但是当他们遇到主观层面的问题时却无法通过观看视频来解决，因此教师应定期与学生进行交流，解决学生主观层面的问题，从而拉近教师与学生之间的距离。值得注意的是，要顺利开展高校体育慕课教学，教师就必须要充分考虑国内体育教学的实际情况。我国现阶段在高校体育慕课方面的研究工作还不够多，高校体育慕课对于学生的影响还不够深远，但是随着互联网的普及程度越来越高，慕课必然会成为学生重要的学习途径之一。

高校体育慕课与传统体育课程教学在动作分解教学上的差异较为明显，传统体育课程教学中的动作分解教学较少，并且教师不能完整地表现出动作的细节，而高校体育慕课则不同，学生能够通过暂停视频和循环视频的方式来不断学习同一细节动作，从而使学生整体掌握高校体育运动动作。因此，在录制高校体育慕课时，教师不仅要对体育运动项目的整体动作进行教学，还要对高校体育动作进行分解教学。从目前来看，国内大多数学者将注意力集中于其他课程与慕课的结合，而慕课在高校体育教学中的应用较少，因此要构建高校体育慕课教学体系首先要加大对高校体育慕课的研究力度。在制作高校体育慕课的过程中，我们应当积极借鉴国内体育专业相关学者的意见，处理好理解难度较高的体育专业名词，使学生能够更好理解地高校体育慕课的内容。另外，我们还要参考国外慕课的优秀经验，制定符合我国国情的高校体育慕课标准，从而对我国高校体育慕课进行甄别筛选，保留符合要求的高校体育慕课，进一步提高我国高校体育慕课的质量。

第三节　高校体育教学之微课教学

一、相关概念的界定

（一）微课

微课是一种以传播音频、视频信息为主的线上教学形式。随着信息技术的不断发展，互联网逐渐成为了人们日常生活中的重要组成部分，人们的生活方式、学习方式、工作方式也相应地进行了调整。在互联网的影响下，一种新的教学方式——微课——应运而生。微课作为一种线上教学形式，能够极大满足学生的自主学习需求，并且学生长期坚持通过微课进行学习有利于培养自身终身学习的观念。在互联网时代，学生对网络信息的接受能力较强，他们可以通过网络平台浏览丰富的内容，学习到书本上没有的知识，而微课融合网络平台的信息和书本中的知识，不仅有利于加深学生对知识的理解，还能够拓展学生的知识面，使学生的学习形式多元化，最大限度地满足学生的学习需求。微课属于一种微型学习形式，奥地利因斯布鲁克大学 Theo Hug 博士认为微型学习是一种处理比较小的学习单位并且聚焦时间较短的学习活动，这种观念为移动端微型课程教学的产生提供了理论基础。从目前来看，微课主要有容量小、知识量大、表现形式丰富、传播快等特征，它不仅能够适应现阶段人们的快节奏生活，还能够改变人们的学习方式，最大限度地满足人们的学习需求，在人们学习生活中的作用越来越显著。

（二）微课教学

微课教学是教师通过微课平台来表现教学内容，从而开展教学活动的教学方式。对于教师而言，在设计微课教学视频的过程中应当考虑到课程的安排、课程的设计思路、学生的接受能力等因素。教师在设计微课教学的教学内容时，不一定要完全按照固有的知识体系来设计教学内容，也可以通过零散知识的组合来设计教学内容，从而使学生能够感受到微课教学与传统课堂教学之间的差异。值得注意的是，微课教学并不是简单地还原课堂教学，而是对某一部分的重点知识、难点知识进行重点讲解，使学生能够回顾所学知识，解决学习过程中存在的问题。相比于传统课堂教学，微课教学内容更为精练，针对性更强，教师能够针对教学过程中存在的重点知识和难点知识进行讲解。与此同时，微课教学的表现形式也更加丰富，教师在设计微课教学内容时能够根据学科的性质做出不同的调整，以满足学生的学习需求。

（三）微课教学设计

微课教学设计指的是教师根据学科性质、教学风格、学生需求等设计微课教学内容的过程。在微课教学设计中，教师应先考虑三个基本要求，即知识与能力要求、过程与方法要求、情感态度与价值观要求，然后根据这三个方面的要求对微课教学中的视频内容进行设计与制作，从而使学生更好地明确学习内容，提高自身对知识的理解与运用能力。与此同时，我们也可以将这种教学设计方法运用于传统的课堂教学设计过程之中，引导学生利用视频资料来巩固自身的知识，这样不仅能够改善传统课堂教学的教学氛围，还能够提高学生的学习积极性，从而积极主动地参与到教学过程之中。微课具有内容精练、容量小、时间短的特点，因此学生主要通过移动终端来观看微课视频，他们不仅可以通过接入网络在线观看微课视频，也可以下载微课视频离线观看。随着4G网络的普及和5G网络的发展，人们基本上可以随时随地观看微课视频，这样不仅有助于人们充分利用自身时间来进行学习，还有助于培养人们终身学习的习惯。微课教学视频不仅仅有助于提高学生的学习能力，还有助于提高教育工作者的教学能力，例如教育工作者可以通过观看微课教学视频来改善自身在教学过程中存在的不足和借鉴其他优秀教师的教学经验，并将这些优秀经验运用于具体的教学过程之中。

二、高校体育微课教学的设计构建

（一）高校体育微课教学设计目标

高校体育微课教学的设计与其他课程微课教学的设计相比，相同之处具体表现为，高校体育微课教学和其他课程微课教学的教学过程基本保持一致，即先确定教学纲领，再制定教学规划并实施，最后进行教学反思；不同之处具体表现为，高校体育微课教学重在具体动作的指导，而其他课程微课教学重在理论知识的讲解。当学生在观看高校体育微课教学视频时，他们可以通过回看和循环的方式来不断重复动作教学，从而满足自身的学习需求。

在设计高校体育微课教学内容的过程中，教师应按照以下目标来进行教学设计：其一，在微课教学中表现传统体育课程的常规内容。大多数情况下，微课教学的内容都是传统课程教学过程中的难点内容和重点内容，但高校体育课程较为特殊，每一个基础动作都关系到下一个动作的开展。其二，教师应充分考虑自身实际情况来设计教学内容。通常其他学科教师在设计微课教学内容时会参考其他学校教师的教学内容，体育教学则不同，教师的教学能力、学生的身体素质水平、学校的教学环境等因素都会影响教学活动的开展，因此体育教师必须要充分考虑自身情况来设计教学内容。其三，教师应以学生需求为主来设计教学内容。学生对体育运动的兴趣会直接影响体育教学活动的开展，因此体育教师必须要重视学生的需求，从而通过微课教学调动学生的学习积极性，提高体育教学的教学效率。

在高校体育微课设计之前，教师应先明确高校体育学科的科目定位，然后调查和研究学校的体育设施情况和体育课程设计要求。如果高校体育微课的内容与学校的实际情况不匹配，微课将无法运用于具体的教学实践过程之中，那么微课的教学设计也毫无意义。除此之外，教师还要重视培养学生对体育运动的兴趣，使学生能够通过观看高质量的高校体育微课视频意识到体育运动的重要性，从而加强自身的体育运动锻炼，进一步形成终身体育的观念。

在制作高校体育微课视频的过程中，教师要选择最符合时代要求和学生需求的内容。一方面，教师要深入学生内部，了解当代大学生对体育运动的重视程度和他们对高校体育课程的需求，从而保证高校体育微课的内容能够最大限度地吸引学生的注意力；另一方面，教师要保证高校体育微课的质量，不能盲目迎合学生的需求，要建立系统的高校体育微课教学体系，使学生能够循序渐进地进行高校体育微课的学习。另外，高校体育教师应当实时地更新微课视频的内容，使高校体育微课视频能够与时俱进，与学生的身心发展变化保持同步，从而更好地作用于体育教学活动。

（二）高校体育微课教学的内容

1. 高校体育微课教学内容分类

高校体育课程是一项以体育运动实践为主的课程，而学生主要通过教师的示范来学习相应的体育动作，这就意味着体育教师必须要保证自身体育动作的专业性，从而使学生也能够学到专业的动作。但是，对于大多数高校体育教师而言，要掌握所有的体育技能和知识具有一定的难度，因此在传统课堂教学的情况下，学生最多只能学习本校体育教师所掌握的体育技能和知识。随着微课的兴起，学生能够通过微课平台学到更多的体育技能和知识，并且没有课程时间和课程地点的限制，极大地满足了学生学习体育课程的需求。

对于高校体育教师而言，在选择高校体育微课视频内容时应注意以下七个方面，分别是微课学习目标、微课的主要内容、学习内容的分析、学习者的分析、选择教学策略、选择设计的方法、评价反馈设计如图 4-1 所示。

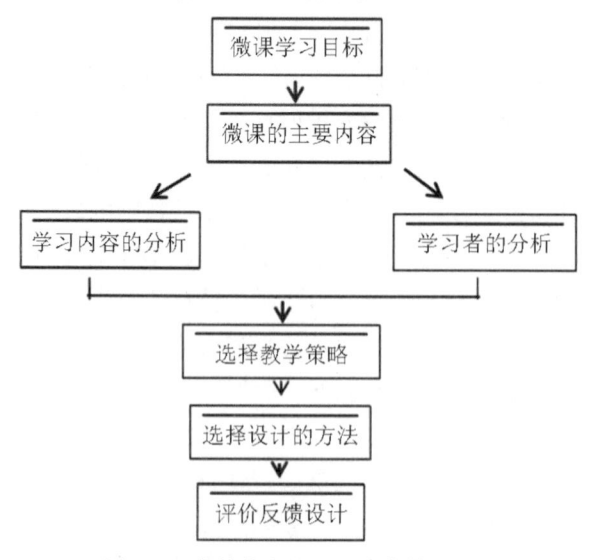

图 4-1　高校体育微课设计流程

（1）微课学习目标指的是教师在高校体育微课教学中要实现的目标。在微课学习目标的制定过程中，教师首先要明确高校体育教学过程中的重点、难点和学生对高校体育教学的需求，因此教师必须要加强与学生之间的沟通，了解学生对体育运动的要求，明确高校体育微课教学的设计方向。

（2）微课的主要内容指的是教师在设计高校体育微课过程中所选择的内容。

（3）学习内容的分析指的是教师通过对传统体育教学的研究来明确高校体育微课教学重点和难点的过程。高校体育微课的内容是对传统体育教学中某一内容的具体化，虽然微课中的各个内容都是独立的，但这些内容之间具有密切的联系。

（4）学习者的分析指的是教师在设计高校体育微课的过程中对学生情况的分析，其中包括学生的身体素质水平、学生对体育技能与知识的掌握程度等。

（5）选择教学策略指的是教师在设计高校体育微课的过程中根据综合考虑自身的教学能力、学生的学习能力、学校的体育设施等因素所做教学策略方面的选择。这样做能够极大地满足学生的学习需求，并相应地提高教师的教学效率。

（6）选择设计的方式指的是教师在设计高校体育微课的过程中根据自身的教学能力和学生的接受能力所做的选择。

（7）评价反馈设计指的是在开展高校体育微课教学之后，教师对于教学目标的实现情况所做的设计。学生可以在观看高校体育微课视频之后表达自身的观点，使教师能够明确自身在教学方面的不足，并促使教师对高校体育微课教学内容进行调整，从而更好地进行下一步的教学工作。

2. 微视频内容选择

教师在选择高校体育教学微课视频内容的过程中应遵守三点要求：其一，在高校体育教学知识的基础上选择学生最喜闻乐见的内容，并对这些内容进行整合；其二，教师根据学生的意见对所选择的内容进行筛选；其三，对筛选后的内容再进行挑选，以确保能够用于正式的教学活动。从中我们可以看出，高校体育微课教学中的内容并不是教师随意选择的，而是经历了层层筛选，因此高校体育微课教学的内容通常具有较高的质量和较丰富的内容。

3. 按照课堂教学环节分类

一般认为，同一个微课视频只能划入一种类型之中，但实际上某些特殊的微课视频可以同时属于多种类型。因为微课视频的分类并不仅仅是根据学科的属性来进行分类，还可以根据学科的重要性、难易程度等其他标准来进行分类。随着互联网内容的丰富多样化，微课的学科类型也变得更加丰富，因此我们应该以全新的视角来看待微课的分类。本文将微课分为四种类型，分别是课前复习类、课中讨论类、课后巩固类和知识理解类如表4-1所示。

表 4-1　微课的分类

微课类型	适用范围
课前复习类	学生自学
课中讨论类	教师指导，学生自查
课后巩固类	教师指导，学生自查
知识理解类	学生自学

（1）在课前复习类微课中，学生通过观看视频内容来明确主要的学习内容、主要的搜集资料以及主要关注的问题。

（2）在课中讨论类微课中，教师通过视频教学对学生进行指导，学生通过观看视频内容进行思考并提出自己的疑惑，然后在评论区进行讨论。

（3）在课后巩固类微课中，教师通过视频教学对重点技术动作问题进行深层次的讲解，学生通过观看视频内容进行巩固自身知识体系。

（4）在知识理解类微课中，学生通过观看视频内容解决自身的疑惑，从而有针对性地进行动作与技能的练习，进一步加深自身对动作与技能的理解。

（三）学生学情的分析

1. 学生接收能力分析

在传统高校体育教学过程中，大多数教师过于注重教学任务的完成情况，将大量的体育知识和技能集中在某一节课中进行讲解，如果学生本身接收能力较强并且具备一定体育知识和技能，那么他就能较好地接收教师传授的知识；反之如果学生本身接收能力较差并且掌握的体育知识和技能较少，那么他将难以接收教师传授的知识。

2. 个人差别剖析

受社会、家庭、学校等多方面因素的影响，每个学生的学习能力都有所差异，不同的学生对自身学习的要求也不同。因此，为了更好地满足学生在学习方面的需求，教师应当根据不同学生的学习能力来设计微课教学内容，有针对性地提高学生某些方面的能力。

（四）体育微课教学方法

微课主要针对传统课程教学过程中某一重点、难点进行具体化的教学。因此，体育微课教学方法指的是教师在微课教学过程中集中精力对体育课程中的某一动作或技能进行教学。在微课教学过程中，教师可以通过音频、视频的形式来向学生展示教学内容，整个教学过程持续 5～10 分钟，教学内容精炼且细致。虽然微课与网络教学都是线上教学形式，但是微课具有交互能力强、应用广泛、内容细致等多种优势，因此它广受好评，并成为目前最流行的线上教学形式之一。在体育微课教学过程中，教师通过视频教学的方式展现某一重要动作和技能，使学生则充分利用零散的时间来学习这一重要动作和技能。因此，开展体育微课教学的目的更多的表现为提高学生对体育运动的熟练程度。

开展微课教学的目的在于提高学生自身的学习能力，因此学生的需求才是推动微课教学活动的主要动力。在设计微课教学内容之前，教师应当做好学生学情的分析与研究工作，并充分考虑自身的教学能力、学生的接受能力等因素。除此之外，选择合适微课拍摄设备也是影响微课教学效果的重要因素，还要根据不同学科的属性和不同教学对象来选择微课教学内容的表现形式。从目前来看，常见的微课教学视频类型主要有三种，分别是以视频录制为主的教学视频、以录屏为主的教学视频、以 Flash、PPT 为主的教学视频如表 4-2 所示。

表 4-2　微课教学视频的类型

教学视频类型	资源描述	代表性资源
以视频录制为主的教学视频	运用摄像机进行录制，然后通过软件后期编辑	国内各大高校的慕课资源
以录屏为主的教学视频	在讲学过程中，利用录屏软件同步录制	可汗学院
以 Flash、PPT 为主的教学视频	将其转换为视频格式	数字故事类资源

（五）高校体育微课教学设计原则

1. 适时分解原则

微课之所以受到大多数人的喜爱，其中一个很重要的原因就是人们可以在不受时间、地点约束的情况下进行碎片化学习。因此，教师应当保证微课教学内容的精炼而不是简单地舍弃教学内容，使人们在较短的时间学到丰富的内容。在具体制作过程中，教师应当充分考虑体育课程的知识、教学方法、微课的表现方法等因素，有意识地对高校体育微课的一些内容进行拆分。

2. 聚集性原则

通常情况下，我们在较短的时间内难以掌握大量的知识，但是我们可以通过集中时间，提高时间的使用效率，掌握重点知识。因此，在微课教学内容的设计过程中，教师应当对课程的重点、难点和其他部分进行分析与研究，从而使人们在较短的时间内集中学习重点和难点知识。在制作高校体育微课时，教师应加大对运动动作与技巧方面的拆分、详细地对难点动作进行讲解、对特殊的动作和技巧进行分析等，使学生能够有针对性进行练习，提高自身对重要动作技巧和困难动作技巧的熟练程度。

3. 简洁性原则

一个微课视频的持续时间为 5～10 分钟，这与正常人的注意力集中时间保持一致，因此人们往往能够在这段时间集中精力进行学习，并利用其他时间对已学内容进行理解与巩固，从而更好地运用于具体的实践活动之中。因此，在设计微课教学内容的过程中，教师应当在较短的时间向人们展现微课的重点内容，并保证微课的质量。对于当代大学生而言，他们对新生事物的接受能力较强，并且已经具备了一定的体育运动技能，因此他们能够在较短的时间里适应微课内容。另外，他们还可以根据自身的需求来寻找最适合自身学习的微课，从而针对地提高自己对某个动作的熟练程度。

4.微课设计特色突出

随着互联网的普及程度越来越高，人们对微课的重视程度越来越高，因此吸引了大量的教师加入到微课的设计队伍之中，各种高质量、高水准的微课层出不穷。在这种情况下，如何设计出富有个性且高质量的微课是每个微课设计教师主要考虑的问题，因此在微课的设计过程中，教师应当充分发挥自身的优势和本校课程的特色，并相应地结合学生的实际需求，从而设计出最符合本校学生需求的高质量微课。

（六）微课设计评价预计效果及反思

1.学习评价效果的预计

在完成高校体育微课的分析工作和设计工作之后，高校体育微课大致内容已经形成，但这不意味它能够直接运用于具体教学实践活动之中，教师还要做好微课教学策划的实行规划。对于教师而言，他们还要进一步明确学生的学情、教学行动的实施情况、教学方式的可操作性、教学媒介的选择以及如何面对学生的评价和处理学生评价。因此，在高校体育微课正式运用于教学实践活动之前，教师必须要进行教学策划的评判工作。

从目前来看，教师主要是通过形成性评价来进行教学策划的评判工作，即教师在正式实施之前先对其可行性进行检测，然后再观察最终实施结果。如果达到了预设的理想目标，那么教师在设计微课的过程中所投入时间与精力都是值得的；如果没有达到预设的理想目标，那么教师可以对微课教学内容进行调整，直至达到理想目标。

2.微课策划形势评判

（1）教学微课评判。现阶段高校微课教学的评判规范主要包括三个部分的内容：其一，基本目标准则，即是否达到"提高学生的体育方面知识和专门的技巧能力的学习效率，完善体育教师教学水平"的基本目标；其二，学生的评价，一般情况下，优秀的微课广受学生好评；其三，微课的传播量，微课的传播量越大，受到微课影响的学生就越多。

（2）高校体育微课评判的实施。高校体育微课的评判主要包括三个方面，分别是教授和学习流程的评判、教学资源的评判、成效的评判。与此同时，我们还会将定量和定性的要求融入于评判过程之中。

表4-3 微课资源评价表

项目	优等	中等	劣等	满分	得分
结构	语言精炼准确,框架结构明确	语言较为精准,框架结构较为明确	语言和结果基本清楚	40	
画面	清晰顺畅、声音清晰、能很准备地表达所要讲述的内容,字与声音同步	较为清晰顺畅、主要内容的表达能通过文字与声音较为同步表述	清晰流畅度不高,字与音不同步	20	
文字	设计合理	较为合理	给人杂乱感	20	
语言	语言诙谐有创意	语言流畅	语言平淡无奇	20	

（3）微课设计应注意的问题。从目前来看,教师在高校微课教学过程中应注意以下几个方面:教师应重视学生在微课教学中的主体作用;微课教学内容要精炼、细致,主题不宜过多;微课视频的持续时间不宜过长,在 5～10 分钟内适宜;在录制微课视频时,教师应严格按照正常教学要求进行教学,学生应以正常学习的态度进行学习,避免出现刻意的痕迹;教师要重视教学过程中的难点,用最通俗易懂的语言进行陈述;微课视频中的语言和符号应保证清晰易懂;尽量用引导的方式开展教学活动,提高学生的自学能力;在制作微课视频的过程中应多参考其他优秀教师的教学经验,搜集大量相关的资料,以便于保证微课视频的质量。

三、高校体育微课教学设计

（一）高校体育微课教学设计框架

1.高校体育微课教学设计目标的制定

在高校体育微课的教学设计中,我们要对高校体育微课的教学大纲、教学计划等方面的内容进行深入分析,进一步明确高校体育微课的主要内容。在此过程中,我们还要对高校体育微课的教学目标和教学内容不断进行论证,以便于保证高校体育微课教学活动的顺利进行。

对于教育工作者而言,他们应该先明确学生的学习习惯,然后针对性设计教学内容,调动学生的学习积极性,从而积极主动投入到高校体育微课教学活动之中。与此同时,教育工作者还要培养学生独立思考的能力,通过对所学知识进行思考,从而将知识运用到具体实践活动之中,将高校体育微课的教学内容运用于高校体育教学活动之中。另外,教育工作者在选择教学内容的过程中应严格遵循由易到难的原则,使学生能够明确高校体育微课教学过程中重点和难点,并将其中的难点进行拆分,加快学生对高校体育微课教学内容的理解。

在高校体育微课教学的设计过程中,教育工作者应注意以下四点。

（1）坚持以学生为本的教学设计原则。学生是高校体育微课教学活动的主体,因此教育工作者应明确学生的实际需求，并根据学生的需求来对教学内容进行调整，从而制作出符合学生实际需求的微课，促进学生掌握微课教学的内容。

（2）教育工作者应为学生提供一些书本上没有的知识，使学生能够通过高校体育微课教学活动掌握更多的知识，从而更好地完善自身的体育知识体系。

（3）教育工作者应通过高校体育微课教学来提高学生的学习兴趣。对于大多数学生而言，兴趣才是激发他们学习积极性的重要动力。教育工作者应当充分利用调动学生对体育运动的兴趣，使他们能够积极主动地参与到体育课程之中，这样才能更好地帮助学生形成终身体育的观念。

（4）教育工作者应充分尊重学生的建议，并将其融入于高校体育微课教学设计之中，从而提高学生在体育课程教学中的参与度。在设计高校体育微课教学内容时，教育工作者应当为学生提供一个表达观点的平台，使学生能够充分发挥自身的主观能动性，自主地选择学习内容和学习方法，从而培养自身的创新创造能力和提高学习效率。

2. 微课教学设计中学生的配备

受家庭、社会等环境的影响，每个学生的学习能力和接受能力都存在一定的差异，这就要求教育工作者在微课教学的设计过程中充分考虑不同学生的接受能力。另外，为了保证微课教学视频的质量，教育工作者应当加大对高难度的技术动作的讲解，从而使学生能够针对性地选择重难点进行学习。这同时也意味着在制作微课教学视频的过程中，教师应当选择具有一定专业基础的学生作为教学对象，营造较好的教学氛围，从而为以后的学习者提供更好的学习体验。

3. 微课教学设计中教学方法的运用

与传统课程教学相比，微课教学具有时间短和教学内容精炼等特点，因此教育工作者应选择更适合微课教学的教学方法，重点突出微课教学过程中的重点和难点内容。例如，在高校篮球的教学过程中投篮、传球、挡拆等动作具有一定复杂性，教师应对这些动作进行相应的课程设计，以保证微课教学内容能够满足学生的个性化需求。

4. 微课教学设计的原则

高校体育微课教学设计应当遵循适时分解原则、聚焦性原则和简洁原则以突出课程内容的特点。微课最主要的特点就是"微"，为了保证学生可以充分利用自己的闲余时间来观看微课教学视频，教育工作者在设计微课教学视频的过程应考虑教学视频的内容不宜过多，同时也要考虑微课的完整性。因此教育工作者应当从微课教学的整体性出发，对教学内容进行分解，使学生能够直观地感受到微课教学内容的重点和难点。

从目前来看，高校体育微课教学视频的形式主要包括三种，分别是以现场录制为主的实拍式微课形式、以屏幕录制为主的录播式微课形式、以Flash、PPT为主的微课形式。其中，以现场录制为主的实拍式微课形式指的是摄影师分别对教师、学生以及教学现场进行拍摄，然后再对拍摄视频进行后期处理的微课视频形式。实拍式微课一般分为有现场互动的实拍微课视频和没有现场互动的实拍微课视频。对于学生而言，有现场互动的实拍微课视频更能够吸引他们的注意力，从而提高他们的学习效率；而没有现场互动的实拍微课视频的重点在于教师的个人讲解，视频内容较为单调。以屏幕录制为主的录播式微课形式指的是教师通过视频向学生讲解教学内容，然后再用屏幕录制软件将这段教学视频录制下来，这种视频的制作方式较为简单。对于大多数教育工作者而言，他们可以通过屏幕录制软件将自身的教学过程录制下来，上传到微课比赛网站上，与来自各个地方的教师同台竞争。以 Flash、PPT 为主的微课形式指的是教师将幻灯片和 Flash 动画转化为媒体影响，从而以微课视频的形式展现在人们面前。这种视频形式对教师的幻灯片制作水平和动画制作的技术要求较高。

（二）高校体育微课教学设计环节

在高校体育微课教学的设计过程中，教育工作者应明确微课教学设计的内容和自身的技术水平，做好高校体育微课教学的设计工作。首先，在选取知识的过程中，教师应当明确知识的难易程度，先从简单的知识出发，再逐步向复杂的知识发展，以便于学生能够逐步地接受知识、掌握知识。其次，教育工作者要以学生作为微课设计的中心，教师所选的教学内容应满足学生的学习需求，从而通过微课来调动学生的学习积极性。再次，教师应当充分了解学生的兴趣，通过培养兴趣的方式来引导学生主动地学习。对于大多数学生而言，兴趣是推动自身学习的重要动力，它能够充分发挥学生的主观能动性，进一步使学生将体育运动作为学习生活的一部分。最后，教育工作者在微课的设计过程中应当以增强学生的自主学习能力作为主要目的，不仅要提高学生的学习能力，还要鼓励学生主动思考。

（三）高校体育微课教学的制作

1. 设备的准备

在制作高校体育微课教学视频的过程中，我们应当以课程性质为标准来选择拍摄设备。在传统高校体育课程中，教师一般重视实践课，而高校体育微课教学不同，不仅重视实践课的教学内容，还重视理论课的教学内容。在理论课教学过程中，主要以教师作为拍摄场景，拍摄者主要拍摄教师对高校体育内容的讲解和学生的听课情况，因此拍摄者至少要准备一台摄影机，大部分时间将镜头朝向教师，偶尔将镜头转向学生。在实践课教学过程中，我们要以专业的摄影棚或专业的体育场馆作为拍摄场地，拍摄者不仅要拍摄教师的教学动作，还要拍摄学生对动作的掌握情况，因此拍摄者至少要准备两台摄影机，这样才能保证学生的动作和教师的动作都能够被摄影机所记录。另外，为了保证微课教学视频的质量，拍摄者应当选择较专业的拍摄设备。

2. 场地的选择

对于高校体育微课教学视频而言，场地的选择是影响整体教学效果的重要因素，教育工作者应当通过选择合适的教学场地来营造较好的教学氛围。在录制高校体育教学视频的过程中，教师和学生都应该处于真实的教学环境之中，这样才能引起视频学习者的共鸣，因此在拍摄高校体育微课视频时应当选择真实的课堂环境。与此同时，教师和学生都应当以最真实的状态来对待微课视频拍摄，这样才能真实地再现课堂教学场景，展现最真实的教学过程，从而达到理想的目标。

3. 摄像机位的架设

在拍摄微课教学视频时，拍摄者应把握摄像机位的架设，使摄像机与教师、学生之间保持一定的空间距离。一般情况下，我们在摄像机位的架设过程中应考虑以下三个方面的因素，分别是摄像机的方位、摄像机的高度、摄像机的距离，通过合理地调整摄像机的角度、高度和距离，能够更好地表现教师与学生的状态，从而为视频学习者提供较好的视觉体验。在高校体育微课教学视频的拍摄过程中，我们应当准备至少三台摄像机，一台摄像机用于拍摄教师的教学动作细节，一台摄像机用于拍摄学生的反应和模仿教师动作的细节，另外一台摄像机则用来拍摄全景，即教师教学和学生学习的整体画面。为了保证整个拍摄画面的效果，拍摄者应当实时关注拍摄画面，及时作出调整。

4. 现场的协调

从整体上来看，现场的协调对于拍摄高校体育微课教学视频具有重要的影响作用。因此，在拍摄高校体育微课教学的过程中，学生应当积极地配合教师，教师应当尽量地满足学生的需求，从而达到各方面的协调，进一步保障微课的整体效果。

5. 素材的录制

由于高校体育课程的内容存在一定的差异，因此在录制素材之前应当先明确教师的教学内容。在录制教学素材的过程中，我们应当明确两点，分别是视频素材的格式和拍摄要求。通常情况下，常见的视频格式有 MP4 和 WMV 两种类型，不同的视频格式需要借助不同的播放媒介才能正常播放。在拍摄视频素材时，拍摄者要严格按照要求来摆放摄像机，并对教学中的重点和难点进行捕捉，从而使视频学习者能够在观看过程中明确教学的重点和难点。在摄像机位的选择方面，我们一般会使用三台摄像机进行拍摄，即一台摄像机位于教学场地的角落，用于拍摄学生；一台摄像机位于教学场地的前方，用于拍摄教师的动作；另外一台摄像机位于教学场地的后方，用于拍摄全景，只有这样才能保证视频素材的完整，如图 4-2 所示。

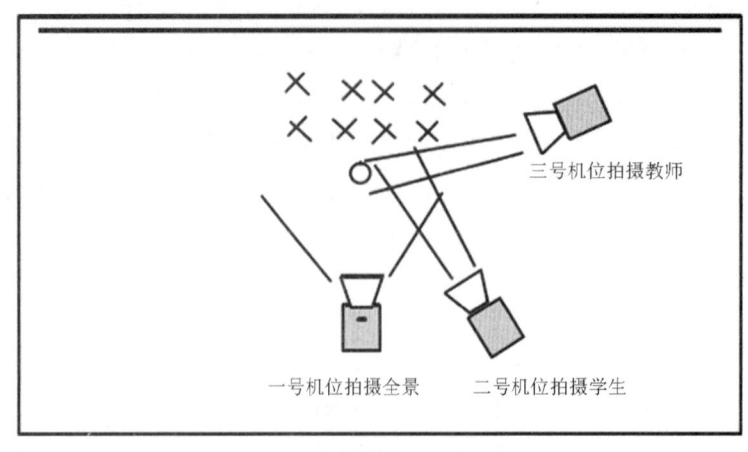

图 4-2 摄像机位的架设

6. 后期的编辑

一般来说，在微课教学视频拍摄结束后，我们要对视频内容进行后期处理，即对视频的内容进行整理，对多余的部分做删减处理。在进行微课教学视频的编辑工作时，应先选择合适的视频编辑软件，虽然市面上有较多的视频编辑软件，但这些软件不一定适用于不同拍摄形式下的微课视频。例如，以现场录制为主的实拍式微课视频和以屏幕录制为主的录播式微课视频虽然都是微课视频，但其画面质量存在较大的差距，并且视频制式也不同。在现场录制为主的实拍式微课视频中，如果拍摄者选用了专业摄像设备，那么其画面帧数可达到每秒30帧甚至更高，而在屏幕录制为主的录播式微课视频中，其画面帧数通常为每秒5帧，远低于实拍式微课视频。因此，针对不同拍摄情况下的微课视频，我们应当选择不同的视频处理软件，如视频制作软件Premiere CC。

7. 成品的输出

在微课教学视频的后期处理过程中，教师通过视频制作软件再次接触到微课教学视频，并更加明确教学的重点和难点，或者通过调整视频的内容来促进教学重点和难点的形成，这意味着教育工作者不仅是微课教学视频的设计者，也是微课教学视频的改良者。从微课教学视频的形成到微课教学视频的后期处理，再从微课教学视频的后期处理到流入市场，教育工作者的作用至关重要，同时也促进了教育工作者教学能力的提高。

8. 教学效果点评

随着互联网技术的不断发展和网络平台的不断拓展，微课对人们的影响越来越明显。微课教学视频具有容量小、内容精炼的特点，人们可以通过无线网络在线观看微课教学视频，学生可以不受时间和空间的限制而主动地进行学习。在传统的课程教学过程中，学生可以通过向教师提问的方式来提高自身的学习效率，而反馈机制也同样适用于微课教学。在网络平台上，学生与教师可以在线进行交流，使授课教师能够第一时间掌握学生的学习情况，了解学生在学习过程中存在的问题，并针对学生存在的问题及时调整教学方案，从而提高学生的学习效率，进一步提高学生的学习能力。

微课教学与传统课程教学之间也存在一定的相似之处，具体表现为教学引导方面。在微课教学视频的制作过程中，教师通常会先以引导性的话语作为开场白，以便于激发学生主动学习的积极性，再以最适合学生的方式来开展教学活动。值得注意的是，疏、引、通的教学观念对微课教学活动的开展具有重要意义。其中，疏指的是教师通过巧妙的语言拉近与学生之间的关系，使学生能够消除负面情绪，以积极学习的态度面对微课教学；引指的是通过正确的课程观念和合理的课程内容来引导学生学习；通指的是学生通过学习高校体育微课的内容来联系其他学科的内容，灵活地处理不同学科的知识。在高校体育微课教学过程中，教师应充分发挥自身的专业能力，为学生细致地讲解每一个具体的动作，用自身的专业素养和语言技巧来吸引学生的注意力，营造良好的教学氛围，从而使学生能力积极主动地参与到课程教学过程中。

四、影响高校体育微课教学设计的因素

从目前来看,大多数教师对微课教学的了解程度并不高,因此本文从多个角度出发来帮助教师了解高校体育微课教学及其制作方式。对于教育工作者而言,他们在制作高校体育微课教学视频时不仅要考虑学生的接受能力和需求,还要考虑自身的教学能力,综合多方面因素制作出高质量的高校体育微课教学视频,从而提高学生的学习能力,促进学生的发展。

(一)设备条件的影响

大多数人认为,教师的教学能力和学生的配合程度是影响微课教学视频质量的主要因素,但他们忽视了一点,即拍摄设备的条件对微课教学视频质量的影响也十分明显。对于高校体育微课教学视频而言,一台或两台摄像机拍摄出来的效果远不如三台摄像机拍摄出来的效果,三台摄像机不仅能够捕捉教师教学动作的细节,也能够捕捉学生学习过程中的细节,还能够对教学活动的全景进行记录,从而确保观看视频的人能够明确课程的重点,融入于微课教学之中,有利于学生感受课程教学的整体氛围。而一台或两台摄像机所拍摄出来的画面过于简单,不利于学生进一步了解教学内容,从而影响学生的学习积极性。除了对视频拍摄设备的要求较高之外,我们对录制教师和学生声音的设备也要求较高,这些设备如果通过摄像机的声音录制功能来录制声音,那么将无法保证教师和学生原声的清晰度,甚至会出现原声被杂音所覆盖的情况,从而导致视频的整体效果较差。如果是通过外置声卡和吊杆麦克风来录制声音,那么能够有效地减少周边的杂音对教师和学生原声的影响,从而保证教师和学生的原声清晰度。

在高校体育微课教学设备的录制过程中,教育工作者应当根据实际教学情况来选择录像设备和录音设备,并在后期处理过程中针对性地进行调整,从而保障微课教学视频的质量。虽然优秀的录像设备和录音设备对微课视频的录制较为重要,但不能对录像设备和录音设备提出过高的要求,教育工作者应当将主要精力集中于提高自身教学能力之中,充分利用现有的录像设备和录音设备,做出最优秀的高校体育微课教学视频。

(二)设计方案的影响

除了专业的录像设备和录音设备,教学设计方案也对高校体育微课教学视频具有重要的影响。在拍摄高校体育微课教学视频之前,教育工作者首先要制定完整的教学计划,不仅要保证教学计划涵盖了大量的知识点,能够通过教学活动充分地展现出来,还要保证学生能够理解教学计划中的重点和难点,从而顺利地开展教学活动。

微课具有容量小、内容精练等特点,因此在制定高校体育微课的教学计划时必须要考虑多方面因素,其中包括该学科的教学内容、教学目标、教师的教学内容以及学生的接受能力。综合国内众多知名教育工作者的微课作品来看,他们的微课作品中大多都采用了多种教学方法和教学技巧,使得学生在观看微课教学视频的过程中能够主动地参与

到课堂教学之中，而不是被动地接受知识灌输。例如，教师先在微课视频的开头抛出一个问题，通过设置问题的方式来引发学生的思考，使学生能够尽快地进入微课教学之中，然后通过知识的串讲逐渐解答视频开头的问题。因此，在高校体育微课教学过程中，教育工作者要根据学生的接受能力和自身的教学能力来进行教学设计，合理地安排教学内容，通过独特的处理方式来调动学生的学习积极性，最终促进教学活动的顺利开展。

（三）学生的影响

传统高校体育课程教学的主要目的是提高学生的身体素质水平，而高校体育微课教学也同样如此，虽然二者在具体表现手法方面存在一定的差异，但二者的最终目的相同。随着互联网对各行各业的影响不断加深，微课教学的作用也越来越明显，同时也得到了越来越多教师和家长的认可。微课教学作为辅助类的教学手段，它不能强制学生参与微课教学活动，只能通过自身的特点来吸引学生参与微课教学。因此，大多数学生选择高校体育微课教学的原因主要是他们热爱体育运动，想要通过高校体育微课教学学习到更好的体育运动技能和动作技巧，从而提高自身的运动水平。

（四）制作人自身的影响

在制作微课教学视频的过程中，我们通常会考虑主观因素和客观因素两个方面的因素，其中主观因素指的是微课制作人本身，而客观因素主要包括录像设备、录音设备和设计方案等。从目前来看，微课的影响力并不仅仅表现在学校层面，还表现社会层面，其对于人才培养的作用是十分显著的。因此，微课制作人必须要具备较强的社会责任感，以自身的最佳状态为社会民众服务。大多数微课制作人所从事的职业都与教育密切相关，但是由于学历不同、擅长领域不同、新媒体素养不同等因素的存在，每个微课制作人的微课设计都不同。对于一名微课设计者而言，引入专业的录像设备、录音设备固然重要，但更重要的是提高自身的知识素养和新媒体素养，在微课设计过程中要以满足学习者的需求为主，使得学习者能够促进自身更好的发展。

五、提高高校体育微课教学设计的措施

（一）教学行政部门的重视

与传统高校体育课程教学不同，高校体育微课教学对时间、地点没有特定的要求，不仅可以用于课堂教学，也可以用于学生的自我教育，因此高校体育微课教学在管理方面较为自由。针对高校体育微课的管理情况，我们应当制定明确的标准来对微课进行管理，对不符合学生需求的微课进行调整或删减，对于符合学生需求的微课进行整合归类，从而形成科学的、完整的微课教学体系。随着网络平台不断拓展，高校体育微课教学的内容也逐渐丰富，其优势也越来越明显，不仅有助于学生自主学习，还有助于补充传统高校体育课程以外的知识。从目前来看，我国大多数高校都已经开设体育微课，但这些

高校体育微课的内容基本上只适用于自身的体育教学，这无疑不利于各个学校体育微课的交流。长此以往，将难以保证高校体育微课教学的质量，从而造成高校体育教学资源的浪费，更不利于学生的发展。为了改变这一现状，我们必须要从管理方面入手，各地的教育部门应当加强彼此之间的联系，集合力量构建系统化、科学化的网络微课管理平台。与此同时，各地高校应当将高校的微课资源上传到指定的网络平台中，并向各地高校学生开放，使得各地高校学生都能够享受高校体育微课教学资源。另外，为了进一步保障微课教学视频的质量，高校应严格按照要求对微课教学视频进行审核，要求上传者完善个人真实信息，以便于及时联系上传者和为上传者提供一定的服务。

学校是教育和管理学生的重要场所，对微课教学的具体实施具有重要的影响作用。为了更好地发挥微课教学的作用，学校应当为微课教学设立专门的管理部门，通过制定科学、合理的管理规定来加强高校微课教学工作。各地的教育部门应当加强彼此之间的联系，加强各个高校之间的联系，尤其是在高校体育微课教学方面的交流。与此同时，各地教学部门应当组建专门管理高校微课教学视频的网络平台，使得各高校能够共享微课教学资源，教师能够通过研究与分析其他高校优秀教师的教学视频来提高自身的教学水平，进一步提高微课教学的质量。对于学生普遍存在的问题和难点，各高校的教师应当加强讨论与分析，从而得出一个能够满足大多数学生需求的解决方案。这样做不仅有利于提高教师自身的教学水平，还有利于提高高校微课教学视频的质量。对于那些质量较高、口碑较好的微课视频，各高校教师应当积极学习其中的优秀教学经验，并将其运用于微课教学视频设计过程之中。

（二）激励高校教师参与微课教学积极性

微课对学生学习的积极影响是显而易见的。在互联网时代，微课的使用频率越来越高，微课与人们之间的联系也越来越密切，而如何吸引学习者的注意力和提高学生的学习能力，是目前高校微课教学视频制作者必须要重视的问题。对于大多数高校教师而言，他们不仅要进行传统的课程教学，还要花费一定的时间与精力来设计高校体育微课教学的内容，难免分身乏术，再加上学生对微课教学视频的需求越来越高，教师要不断搜寻很多的资料来设计微课教学内容，因此高校教师在制作微课教学视频过程中面临着巨大的压力。这就要求学校和政府应当给予一定的支持与帮助，不仅要适当地减轻教师的教学负担，还要为教师提供一定的教学资源，使得教师能够积极主动地参与到高校微课教学过程之中。对于学生而言，他们通常会选择具有吸引力的微课教学视频，从而针对性地进行自我教育，这就要求高校教育工作者在微课教学视频中投入更多的时间与精力。

（三）提高教师对微课的认识

随着互联网的普及，大多数学生已经能够适应微课教学，但是一些习惯于传统课程教学的教师仍对微课的形式存在误解，他们一般认为微课就是将传统课程教学的过程记录下来并上传到网络平台，然而实际上并不是如此，微课并不是简单的录制课程，它还包括视频的制作、视频内容的安排、教师的讲解等多个方面的具体内容。对于新时代的高校教师而言，他们应当了解微课的形式和内容，并将自身的教学活动融入于微课教学之中，从而顺应时代的发展。有些教师认为，微课只是一时地满足人们的新鲜感，它无法撼动传统课程教学的地位。这种观点无疑是片面的，虽然传统课程教学在短时间内无法被取代，但也不意味着微课对传统课程教学的地位没有影响，因为它是新时代的产物，代表着新的教育发展趋势。因此学校和社会应当加大对微课教学的重视，投入更多的精力于微课教学之中，使更多的人能够正确认识微课，并参与到微课教学之中。

除了要正确认识微课之外，教育工作者还要明确微课开发的目的。从目前来看，开发微课的目的在于方便教师进行微课教学活动，从而更好地提高学习者的学习能力。对于教育工作者而言，如果没有以学生为中心来设计微课教学视频，而是出于功利目的来设计微课教学视频，那么微课教学就无法真正地体现教师的教学能力，从而无法真正地为学生服务。因此，高校教师在微课教学视频的设计过程中应当严格遵循教育原则，循序渐进地进行教学活动。与此同时，教师在设计微课教学视频的过程中还可以借鉴其他优秀教师的教学经验，从而提高微课教学视频的质量，更好地提高学习者的学习能力。

（四）拓宽微课学习的渠道

大学生思维较为活跃，因此他们对新生事物的接受能力较强，尤其是对互联网相关的事物，他们普遍反感传统高校课程教学中的灌输式教学，而热衷于新的微课教学。因此，为了更好地促进大学生的身心发展，我们应当明确大学生的需求，通过拓宽微课学习的渠道来吸引学生的注意力，充分调动学生的学习积极性。

在微课教学中，教师要通过创设新的教学情境来激发学生对学习的兴趣，以诙谐幽默的语言来打动学生，使学生能够轻松地适应微课教学。在设计微课教学内容时，教师应充分考虑学生接受能力和自身的教学能力，着重地对教学重点和难点进行讲解，用较短的时间来进行有效的教学活动，从而针对性地解决学生在学习过程中存在的问题。

（五）完善高校体育微课教学设计的评价体系

教学评价是反映教师教学水平、教学效率的重要方式之一。因此，我们应当通过建立健全高校体育微课教学设计评价体系来促进高校体育微课教学的发展。通常情况下，高校体育微课教学设计评价体系是由两个部分组成，分别是学生对微课的评价和他人对微课的评价。对于教育工作者而言，要提高学生对微课的评价，首先要精心设计微课教学的内容，对教学内容中的重点和难点进行细化，使学生能够充分理解这些知识，并培养学生的自主学习能力；其次，要精心设计课堂练习和测试内容，针对学生的学习情况来做出不同程度的提示，促使每个学生都能够通过练习和测试来掌握知识，从而向更高层次发展；最后，教师要对学生的学习情况进行观察，发现学生在学习过程中存在的问题，并相应地提出解决方案，从而更好地为学生服务。与此同时，他人对微课的评价也是十分重要的。大多数情况下，不同学者、教师、专家对同一微课教学视频的看法有所不同，因此我们应当针对不同人群来设置评价选项，并对这些评价进行整合分类。另外，教师还要收集不同学生、学者、教师对高校体育微课教学的建议，尤其是学习者的建议，并根据这些建议对微课教学内容进行调整，从而更好地满足学习者的需求。

第四节　高校体育教学之翻转课堂教学

一、翻转课堂教学模式概述

（一）翻转课堂概念界定

翻转课堂译自英语"Flipped Class Model"，又称为"反转课堂式教学模式"，它是新时代、新技术发展背景下的创新性教学思维和教学办法，是一种区别于传统课堂教学模式的全新的、深层次混合学习模式，其在教学内容、教学手段以及教学形式上与在线学习深度融合，构建成更加适宜于高校学生身心发展的创新性教学理念和教学模式。

传统教学历来奉行"课上教师教学，课下自主内化"的教学原则和模式，而翻转课堂教学模式就是对此固定化的教学模式的"翻转"，即采用在线学习的方式实施学生自主、独立学习。学生根据自身情况选择学习资源，自行学习和吸收知识，而课堂上不再进行知识的首尾传授和梳理，教师必须要利用课堂时间通过特定的课堂活动有效引导学生内化知识。翻转课堂教学是对传统教学思想和模式的一大颠覆，其必然为高校体育教育教学带来更多的生机与活力。

翻转课堂教学模式的主要特征和优势在于在主干课程学习中有效嵌入了网络技术手段，从而显著增加了学生的课堂实践时间，提升了教学质量和水平。这种创新性教学模式和手段的应用来自社会经济、信息技术的发展，也来自现代教育理念的更新，反映了当前教育领域的变革精神与创新积极性。翻转课堂教学强调学生的主动性以及个性化差异，能够在激发学生学习积极性、能动性的同时，尊重学生个体差异，充分考虑不同个体的特征与需求，通过多方面、多元化、多层次的教育手段实施教学，从而使学生获得综合性的发展和进步。可以说，翻转课堂教学的价值更多的在于其教学模式对于学生知识、技能以外的培育和影响，评价学生并不仅在于学生的学习成绩，而更多地关注学生的学习态度、学习兴趣、学习自主性、社会适应能力、自主探究能力、合作沟通能力等。

（二）翻转课堂的特征

翻转课堂变革了传统课堂教学理念和方式，使得课堂教学各要素发生了根本性改变，如表4-4所示。

表4-4 翻转课堂与传统课堂要素对比

	翻转课堂	传统课堂
教师	学习指导者、推动者	知识讲授者、课堂组织者
学生	积极主动探究者	消极被动接受者
教学形式	课前深入学习+课堂知识内化	课堂知识讲解+课后作业练习
技术应用	自主学习、交流反思、协作讨论及个性化教学	内容展示
评价方式	多元化评价（生生互评、师生互评等）	传统纸质测试

1. 教师角色的转变

翻转课堂对教师角色进行了极大颠覆和翻转，教师开始由知识讲授者、课堂组织者向学习指导者、学习推动者身份转变，课堂教学不再强调教师的中心地位和绝对权威，而是使其成为了学生学习活动和行为的推动者。在这一教学模式中，教师为学生的问题思考、问题解决提供必要的学习支持，促进学生学习资源、知识信息的快速获取、有效处理与科学应用。而随着这一职能的转变，教师自身教学技能也相应发生改变。适应于翻转课堂教学形式和要求，教师必须要采取适当的教学策略和合理的课堂设计帮助学生知识结构的建构，尊重和明确学生在学习中的中心地位，必须要依次设计和建构科学有效的课堂学习活动、单元学习模块以及评价反馈体系，这对于教师自身教学技能是一个极大挑战。

2. 课堂时间的重新分配

翻转课堂教学强调将课堂还给学生，因而在教学时间上也更加考虑学生学习特征和需求。在教学中，大部分时间属于学生自行支配的学习时间，一小部分留给教师针对学生的自学情况实施针对性辅导，教师的课堂讲授时间较传统课堂教学来说显著减少。随着教师主导时间的显著减少，其相应的教学行为和活动也减少，许多原来课堂上讲授的知识移至课下，而在确保课时知识量充分的前提下，以这一腾余时间增强学生之间的交互性，从而提升学生知识的理解深度。翻转课堂教学强调课堂时间的高效利用，同时也强调课下时间的学习，基础知识传授在课前、课下完成，大大延长了教学时间，显著提升了教学质量和效果。

3. 学生角色的转变

翻转课堂教学强调为学生创设个性化的网络学习环境，在这种具有开放性、自由性的学习空间中学生可以自主决定学习内容、学习时间和学习地点，根据自身特征和需求展开个性化学习。显然，翻转课堂教学极为强调学生的高度参与，它从根本上赋予了学生学习行为和活动的灵活性，使学生不再是教与学活动中的被动接受者，而是可以自主、平等参与师生学习交流活动，以进一步扩展和深化知识认知和理解。

二、翻转课堂教学模式的理论基础

翻转课堂教学与传统教课堂教学有着很大区别，其教学手段、内容与形式具有创新性和挑战性。对此，若想充分有效应用翻转课堂教学，就必须要了解这种全新教学模式背后的理论基础，只有遵循这些理论指导，在教学指导中才能做到有的放矢，才能有效提升教学效果。

（一）元认知理论

美国心理学家弗拉维尔提出了元认知理论，这一理论主要研究和讨论的是对个体的认知活动的知识、行为和体验所进行调控的过程，即人类对认知的自我认知。从学生这一角度来解释，元认知主要是指学生对自身的学习活动所产生的自我意识，以及进行的自我评价、自我调节和自我监控。基于这一认知理论，学生能够对自身学习形成有效的自我调控，并培养良好的自主学习能力、自主创新意识以及良好的学习习惯，促进学生自主学习效果的有效改善和提升。

在翻转课堂教学中，学生需要在课前自主决定学习时间、地点、频率、工具，以进行基础知识的自主学习；需要在自主学习中思考通过何种手段和条件来实现自主学习、高效学习；需要在学习过程中对自身学习过程进行合理监控；需要对自身学习结果进行全面、理性的评价；等等。这些过程实际上都属于学生元认知的范畴，这种元认知的作用贯穿于翻转课堂教学始终，对翻转课堂教学产生重要的推进和促进作用。

（二）支架理论

支架原是建筑行业的一个元素概念，一般是指为建筑提供暂时性支撑的柱子，即"脚手架"。学习层面的支架理论中，支架是指为学生提供一定的学习帮助，并在学生具备一定的自主解决问题的能力后撤去帮助。基于支架理论的支架式教学策略则是指为学生的知识意义建构提供相应概念框架。

在教学活动中，支架式教学策略根据对象和主体的不同主要分为两大类，即教学支架和学习支架。教学支架立足于教师视角，强调支架有助于教师顺利实施教学过程；学习支架立足于学生视角，强调支架有助于学生自我知识意义的建构。在教与学中，支架是静态的，而支架的使用却是动态的，要解决一个问题可能要用到多个难易不同、形式不同的帮助支架，并且科学把控支架使用的频率变化以及最终消失，从而实现学生有效的自主学习。

在翻转教学课堂中，学生的学习支架概念通常来自教师，但同时也可能来自同伴，甚至是学习材料设计和组织的管理员，这些不同的角色个体为学生的自主学习提供帮助，促进学生有效地吸收知识、高效学习，培养良好的自主学习意识以及独立解决问题的能力。

(三）最近发展区理论

最近发展区理论是指个体独立分析、解决问题的实际水平与潜在水平之间所存在的差距。其中，实际发展水平是指学生当前已具备的独立解决问题的能力，而潜在发展水平则是指学生基于现有水平可通过一定外在条件而完成任务的机能水平。因此，最近发展区理论主要讨论的是超出个体现有水平的，与当前个体能力发展最近的一个潜在机能区域。

在翻转课堂教学中，学生的课前学习阶段主要是进行基本概念学习和相关针对性训练，这些学习和训练的知识层次尚处于学生实际发展水平之内，通过正常的学习努力即可达成。而课堂学习活动的内容必然具备一定的难度，且超出了学生的实际认识水平，学生只有通过一定的教师指导、资料辅助、同伴协作才能有效达成学习任务，这一部分内容就属于学生的潜在发展水平。由此可见，最近发展区理论强调的是学生基于一定的基础知识学习，通过有效的学习活动进行知识的强化和提升，从而实现对知识的理解和深化。

（四）建构主义理论

建构主义理论指出学习是一个学生基于自身知识和经验，主动与外界联系、获取知识并建构新知识的内在心理表征过程，强调打破被动性、机械性、固化的知识记忆教学。基于建构主义教学，教学过程中必须以学生为中心，教师为学生提供自主学习的素材并开展以问题为核心的驱动教学，鼓励学生通过有效的自主学习和协作学习实现对新知识的意义建构。

在翻转教学课堂中，学生在课前知识传授环节拥有学习的自主权和决定权，教师搜寻和组织相关学习资料和素材供学生使用，以问题为中心，学生基于已有的学习经验学习新内容；课堂学习环节中，教师引导学生开展相关学习活动，帮助学生掌握和巩固新知识，并为学生提供个性化帮助。通过以上两个环节的学习，学生基本能完成对新知识的意义建构。

（五）自主学习理论

自主学习理论，即学生拥有学习的自主权，自主决定学习内容、行为、方式、路径，自行监控、评价学习的过程和结果，体现个体学习活动的相对自律性、自立性和自为性。学习终究需要依靠学生自己去完成，学生应当对自身学习起到高度负责和监管的作用，应当自行决定自己的学习过程、方法和进度。

在翻转课堂教学中，课前知识传授与课堂知识内化等两大环节都强调学生的自主权，学生应当根据自身基础特征、水平和兴趣需求自行选择学习方式、策略和路径，真正成为学习的主人。

（六）协作学习理论

协作学习理论，即在一定教学目标的引导下，以小组合作的形式开展学习。协作学习能够有效激发学生的学习积极性、能动性，帮助学生培养良好的集体意识和合作精神。

在翻转课堂教学中，学生在动态协作学习小组中互相交流、互相学习，协同完成新知识的建构，并在教师的指导下共同解决难题。协作学习增强了学生的团队协作意识，有利于培养和提高学生的自主思考和学习能力。

三、翻转课堂经典模型

（一）杰姬·格斯丁模式

杰姬·格斯丁的翻转课堂教学模式是包括一组基于体验式学习周期的学习活动。

1. 体验式参与

体验式参与实质上就是一个体验式训练，其主要内容包括体验式学习活动、实验、模拟、游戏和艺术活动等。这一阶段的任务在于引领学生参与真实的活动，激发学生的热情、积极性和好奇心，在活动设计上应当努力营造身临其境之感，使学生能够将探索内容与个人经验有效联系在一起，实现有意义的知识建构过程。体验式参与通常以小组形式进行。

2. 概念探索

在概念探索阶段，学生会接触到体验式阶段中所涉及的一些概念知识。本阶段的学习内容主要通过文本、视频以及网站等形式呈现给学生，学生自主决定学习方式和学习时间，对视频、网站内容等提出疑问。

3. 有意义建构

有意义建构，即对概念探索阶段的学习内容进行反思。在这一阶段中，学生通过视频、音频等方式建构或表达自己的看法和理解，进行独立思考，从而促进知识内化。

4. 演示与应用

演示与应用，即学生对自己所学内容进行实际演示，并通过某种方式对其加以应用，使所学内容具有意义。这一阶段通常是采用小组协作、面对面形式开展。

（二）罗伯特·塔伯特模式

罗伯特·塔伯特的翻转课堂结构模型，如图 4-3 所示。

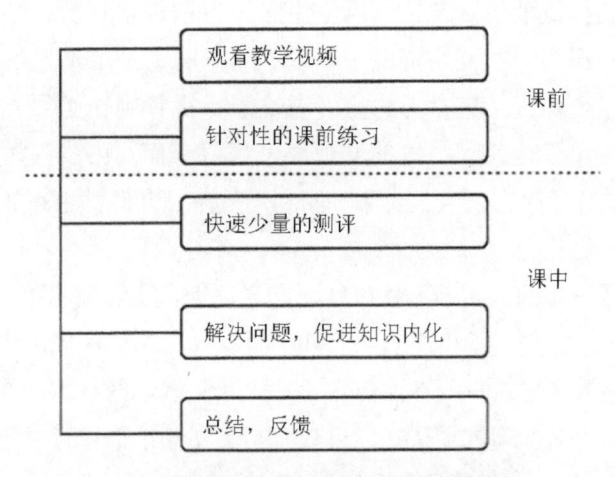

```
         ┌─── 观看教学视频 ────┐
         │                    │ 课前
         ├─── 针对性的课前练习 ┘
         │
    ·····│·······················
         │
         ├─── 快速少量的测评 ───┐
         │                    │
         ├─ 解决问题，促进知识内化 ┤ 课中
         │                    │
         └─── 总结，反馈 ──────┘
```

图 4-3　罗伯特·塔伯特的翻转课堂结构模型

罗伯特·塔伯特的翻转课堂结构模型主要描述了课前与课中两个流程部分。其中，课前任务为基础概念理解以及导向性训练，教师不再进行"长篇大论"，首先进行小测试，然后解决学生提出的问题，促进学生知识的内化吸收。

四、翻转课堂教学模式在高校体育教学中的应用研究

翻转课堂教学有利于激发学生的学习主动性和积极性，培养和提升学生的团队协作意识与探究学习能力，弥补传统课堂教学模式下时空的不足，强化知识和技能的融合与内化，显著提升高校体育教学质量与效果。

高校体育翻转课堂教学通常包括几个模块，即课前学习资源制作准备—学生自主学习—课中知识内化—课后总结评价。每一个模块都尤为重要，教师应有效引导学生参与每一个模块的学习训练，构建以学生为中心的高校体育教学模式。

（一）课前教学资源准备阶段

教学目标是教学活动开展的实施方向和预期成果，是指引教师教学行为的航向标。课前，教师首先应当根据教学计划、教学大纲审慎确定教学目标，基于清晰、明确的教学目标采取一系列的教学措施，以保障翻转课堂教学正常实施。而课堂教学目标的确定应当体现发展性，即目标应当以保障教学的实效性为前提，在教学中对教学目标进行具体调整和修改，以动态性发展教学目标促进课前、课中、课后三个环节有效联通、互相协调。其次，教师应当基于已明确的教学目标确定好教学内容与知识点。教师应当根据学生的认知特点和发展需求恰当选择教学素材，并根据教学内容的结构特点对其进行合理加工和组织，以使其更加适应于翻转课堂教学需要。应根据具体的教学目标进一步细化子目标，并对每一个子目标设置相应的学习内容和任务，采取信息技术手段将体育教学中的各知识技能要点整理设计成 PPT 演示文稿，辅之以比赛录像视频、FLASH 动画图解等手段进行内容整理和编辑，制作完整生动的教学视频录像，并按照

教学步骤和程序制作成学习资源传到网上。除了自制教学资源，教师也可以从相关比赛视频、网络公开课等一些网络资源中获取教学素材，进行适当的加工处理，以充实教学内容，使学生更深入了解学习内容。要注意，视频制作必须充分考虑时间要素，要合理划分每一个单元内容，力求简明扼要、规范全面、由浅入深、由易到难，视频内容与教学目标、教学内容一致，确保时间利用效率，以使学生高效掌握和理解知识，实现教学效果的最优化。

翻转课堂强调学生的自主性、积极性，需要学生自己发现问题、解决问题，主动进行课前新知识学习。首先，学生应当接收和下载教师已制作完成的学习资源包，从中了解教学目标、任务和内容。自行在课前学习本次课堂教学的技术动作和理论知识内容，以形成一个初步、大概的理解和认知，再观看相关视频录像进行对比分析，以形成正确的概念和印象，为课中实践打下坚实基础。此外，在课前自主学习过程中，学生应当主动探索、发现和解决问题，通过查阅资料等方法解决自己能够解决的问题，同时记录好自己解决不了的疑难问题，到课中问询老师或同学。要注意的是，课前自主学习阶段由于缺乏教师的指导和检查，学生的技术动作可能会出现差错，如果不加以及时矫正就会形成错误的动力定型，不利于之后的学习发展，因此，学生的自主训练应当适当，应尽可能在充分观看和认真理解教学视频动作示范的前提下，以小组或结伴的形式进行动作训练及检查指导，形成正确的动作定型。

（二）课中知识和技能的融合与内化阶段

课中教学过程中，教师指导教学并回答学生提出的疑问，学生通过具体的身体训练形成运动技能，有效内化知识。在课堂上，教师首先应阐明本次课堂学习的任务，收集学生的问题，并对问题进行分类，组织学生小组进行交流讨论，引导学生通过探究式方法自主、合作解决问题，培养和提升合作学习、主动探究的能力。对于其中难度较大的，普遍反映难以解决的问题，教师应当给予一定的提示指导，帮助学生形成正确的思维和良好的解决问题的能力。在解决好学生的疑难问题后，教师应根据学生水平和特征展开分层的针对性教学，对学生中普遍存在的动作技术错误进行总结、讲解和纠正。此外，教师应当组织学生个人进行示范指导、讲解，使学生会做、会教，透彻了解动作知识技能。

翻转课堂的课中教学中，应尤其强调学生间的讨论以及师生间的互动，应当通过探究式方法解决问题并引导学生主动参与讨论交流，互相纠错、团结协作增强课堂的互动性。在分组讨论和训练后，应每组选取代表反馈结果和问题，教师进行总结评价，集中解决学生问题，这不仅能有力培养学生的纠错能力、探究能力及观察能力，同时还有利于建设新型师生互动关系，使学生能够在和谐、平等、自由的学习环境中有效实现技能形成、知识内化。

（三）课后反馈、评价、巩固提高阶段

课堂结束后，教师应当对学生课中的学习态度、训练效果、错误动作进行总结、评价，根据存在的问题对整体教学方案进行思考和修改，通过网络平台收集学生对教学的感悟、主动性、掌握度等信息，创造协作学习的环境和空间，形成一个有效的师生互动途径，确保师生之间充分的沟通和反馈，有效解决教学中存在的问题，实现教学效果的最优化。

第五节 高校体育教学之游戏教学法

游戏教学法的开展是当代体育教学目标和课程改革的要求，将游戏作为体育教学的载体，同时通过游戏这种方式将技术教学融入其中，有利于使学生能够从充满趣味的形式以及愉悦的氛围中学习到体育知识和技能，有利于充分调动学生的学习积极性和主动性，激发学生对体育的兴趣，提高教学效果。

一、国内外关于游戏教学法的研究现状

（一）国外游戏教学的研究历史与现状

早在古罗马时期，国外已经出现了对游戏教学的研究，最早提出科学系统的游戏教学法的是德国教育家福禄培尔，他提出可以将游戏运用于教学之中，将游戏与教学的形式相统一。

西方的学者一直致力于研究如何将游戏运用于教学，现今游戏教学理论与教学形态也日渐成熟。现代著名教育思想家杜威的教学理论是这一研究领域的代表性人物，他的教学理论为游戏教学法奠定了良好理论基础。他非常重视游戏对教学的影响，指出要让学生从实践活动中自主思考、自主学习，培养学生独立寻求解决方法、独立解决问题的能力，在使其智力得到发展的同时积累实践经验。

游戏教学法的理论研究虽然起源很早，但其付诸实践的时间却晚至 20 世纪 80 年代至 90 年代。英国索斯堡大学的邦克教授为了寻找与传统的技术教学不一样的教学方法，首次将游戏教学的方法应用于教学实践中。他通过调查发现，当时的体育教学以技术教学为主，其占据了学生体育课堂的几乎所有时间，没有给学生留下放松和游戏玩乐的时间，即使偶尔能够让学生玩游戏，也是单纯地玩游戏，没有将体育知识融入游戏中传授给学生，那时的体育教师很少有将体育技术与游戏结合的意识。于是他提出了让师生都便于理解和接受的游戏教学法。

自从邦克将游戏教学法运用于教学实践后，众多体育教师以及学者被吸引加入到游

戏教学的研究中。不少研究者认为，游戏教学法可以让学生在游戏中领悟并掌握体育知识，学生应该会更喜欢游戏这个教学方式，有利于提高学生参与体育运动和体育教学的兴趣和热情。对此设想，一些研究者做了相关的验证，验证了游戏教学法的教学效果，当学者们看到结果后，一致认为现代体育教学应该用游戏教学法代替传统的、以技术为中心的教学方法。

许多国家都很关注游戏教学法，并一直保持着相关的研究。比如在英国，体育课程中历来充满了竞技特色，体育游戏也一直被师生们喜爱，直到现在，不同的历史时期，体育游戏都在教学的过程中发挥着重要的作用。英国教育一直将游戏和竞技作为体育教学的基本手段，以此组织开展教学，促进学生的个性发展，提高学生的体育水平。

日本的体育教学改革也经历了漫长的过程，包括学习探索时期、自主发展时期以及改革深化时期。日本体育教学不仅传授学生体育健康方面的知识，还注重在保证安全的前提下，让学生参与体育实践，真实地感受到运动带来的乐趣，此外日本还非常注重体育精神的培养。日本积极学习西方国家先进的教学经验，经东西方文化有效融合，提出了适合本国发展的体育教学理念，比如有着深远影响力的"快乐体育论"，主张要让学生充分体验体育活动的乐趣，调动学生参与体育活动的自觉性和自主性，提倡把学校体育课程中的运动课程当作生活中体育活动内容的来源，帮助学生确立终身运动的思想。

综上所述，游戏教学法被各个国家的体育教学所应用，并取得了良好的教学效果，不同国家的学者们也在不断地进行研究，深化了游戏教学法的应用领域。游戏教学法是现代体育教学的一个重要研究课题，近年来研究的重点是如何将理论和教学实践进行有效结合，在今后，游戏教学法在体育教学中的地位会越来越重要，关于它的研究也会取得新的突破。

（二）我国有关游戏教学的历史与研究现状

游戏是一种娱乐形式，也是一种学习方式，它随着社会生产力的发展而产生、发展。我国有考证的最早的游戏教学是在西安半坡挖掘出来的石球，可以看出该石球所处的时代属于生产力水平极其低下的原始社会。生产力低下时，教育和娱乐都与生产劳动紧密结合，游戏的产生也是如此，它从生产劳动中而来，是从社会生产中分化出来的一种形式，没有独立的分类。后来社会生产力提高，人类进入奴隶社会，奴隶主占有生产资料，奴隶主的出现使得教育与生产活动分离开来，游戏属于教育的一种学习方式，也渐渐脱离生产劳动，成为相对独立的体系。奴隶主们将游戏作为娱乐、乞神的工具，这是早期游戏的雏形。进入封建社会，随着社会生产力进一步发展，游戏也逐渐大众化，大部分的人们都能参与游戏活动，游戏也在这一时期得到了大规模的发展。

现代社会最主要的教育机构和场所是学校，所以学校是展现游戏的教育性的最佳场所，也是产生教育性游戏的重要地方，教育性游戏的主要部分基本上是学校体育游戏。我国可考证的体育游戏最早出现在学校体育教学中是在1902年，当年清政府颁布

《奏定学堂章程》，规定学各级都要开设体育课，并且在体育课上开展体育游戏。到了民国时期，学校的体育教学依然十分重视游戏教学的作用，明确规定游戏、韵律活动、体操、运动四类为体育教学的内容。新中国成立之后，游戏依然在我国的学校体育教学中占据重要地位，国家相继颁布了许多与游戏教学相关的法令。

我国致力于研究或实践游戏教学的专家学者不在少数，金钦昌在其学术著作中提出对游戏教学法的见解，认为游戏教学法是一种灵活的教学组织方式，体育教师能够运用游戏将学生组织起来，在规则允许的最大范围内进行体育活动，将娱乐与教学结合在一起。我国的资深教育理论家杨贤江先生对体育教学尤其重视，他认为体育教学的重要性居于各科教育之首，体育对于提高学生的身体素质极为重要，同时还对其他学科起到有利的影响作用，同时他还认为除去对教育的作用，游戏本身就具备着价值。近代教育家王冬立先生非常反对填鸭式、灌输式的教学方法，认为传统的教学方法存在着很大的缺陷，他认为游戏教学法能够调动学生自觉参与体育活动、自主学习的积极性，可以培养学生的学习兴趣，明确表示应该将游戏教学应用于体育教学中。

从体育游戏教学的具体教学实践来看，以排球教学为例，胡建成和郑一兵认为，可以把排球的技能拆分成单项以便编排在游戏中，利用游戏的教学方式让学生掌握排球的知识和技术。从统计调查的结果来看，在取得的教学效果方面，游戏教学法有利于激发学生学习的兴趣和积极性，有利于营造轻松活跃的学习氛围，游戏的竞争意识有助于激发学生的进取心，可以帮助学生更快地掌握体育知识。

鲁德俊提倡"快乐体育"的教学形式，提出游戏教学法可以使得学生在轻松愉悦的氛围中达成体育教学的目标。他为了验证游戏教学的实际教学效果，通过实验班和对照班体育成绩的对比实验，证明游戏法在体育教学实践中能取得良好的教学成果，具有可行性，将成为一种重要的体育教学方法。

学者杨雪芹认为将游戏法运用于体育教学中的一个重要意义是利用游戏的竞争感和成就感来增强学生的快乐，提高学生的效能，学生在高效能状态下能够更快更好地掌握体育知识，达到体育教学目标。游戏的趣味性以及成就感能够让学生感受到体育的乐趣，激发学生参与体育活动的兴趣和积极性，促使学生养成参与体育活动的习惯。此外，利用正确的游戏来进行教学，可以改善传统模式的一些弊端，比如乏味枯燥而不具备新颖性等，可以提高学生的学习兴趣。

肖谋远认为国内学校体育教学有着内容单一枯燥、教学方法落后的问题，基于此，他认真分析并研究了体育游戏的特点、在体育教学中发挥的作用以及在体育教学中如何进行组织开展等问题。经过分析，他认为在体育教学中运用游戏教学法能够改善传统体育教学方法的不足，丰富课程内容，优化教学的具体手段，更有效地发挥体育教学的健身和娱乐功能。因此他认为学校的体育教学实践中应加入体育游戏，教师要转变传统的教学观念，深入理解体育游戏的作用，同时要提高组织体育小游戏的能力，将游戏法科学合理地运用到体育教学实践中。

马斌对于游戏教学法在高校体育教学过程中发挥的实际作用做了较为系统的分析和

总结，他认为游戏法优化了教学方式，改变了以往的体育教学模式，课程内容不再单一乏味，能够调动学生上课的积极性，并且游戏的趣味性能够培养学生对体育学习的兴趣，同时还能通过游戏的良性竞争意识提高学生的竞争水平。游戏教学法的优势还体现在提高学生智力的方面，游戏本身具有的多种可能性能够培养学生的创造性思维，在游戏过程中还有助于培养学生良好的思想品德和精神意志。但是马斌的理论缺乏实践依据加以验证，不具备足够的科学说服力。在实践数据方面，学者陈哲夫通过系统性的教学实验得出有效的实际数据，他将学生分为自然对照班和运用游戏教学法的实验班，通过严格的条件控制后得出了科学的数据，验证了游戏教学法在排球课中发挥的作用。

根据以上评述可以看出，我国的游戏教学法受到了学者们的广泛支持，不同学者纷纷从理论或实践来证实对游戏教学法的支持，向人们论述了游戏教学方法在体育教学中存在的客观必然性及实施的有效性。但是目前普遍存在的不足是游戏教学法的应用领域广泛，可研究的内容分散，而且实践与理论的结合不足，游戏教学法的有效性论证层面较为单一，相对不具备权威性。由于游戏教学法的验证要求较高，所以在许多领域的适用性还只限于理论推理层面，并没有具有科学说服力的理论作为支撑，也不能深入探究教学游戏法在体育教学与健康课程中的实施步骤与具体成效。

二、游戏教学法在高校体育教学中应用的理论研究

（一）关于游戏教学的理论分析

1. 游戏教学法的指导思想

在教学过程中运用游戏教学法时，应确保教师的主导地位与学生主体地位，发挥两者的能力，促进两者的互动，体现教学过程的双边性。以体育教学为例，教师要将体育知识和技能巧妙地设计进游戏中，通过游戏让学生亲身体会正确的动作要领，掌握相应的体育技能。游戏过程要贯彻落实安全第一、健康第一的指导思想，为学生创造一个愉悦的学习环境。

2. 游戏教学的教学目标

游戏教学的教学目标是利用富含趣味性的游戏来激发学生在学习过程中的主动性和自觉性，培养学生学习的动机和兴趣，创造良好的学习氛围，促进学生的个性发展、创新精神和创造型思维的发展，让学习者端正学习态度，帮助其树立终身学习的意识。

3. 游戏教学的教学评价

游戏教学法的评价依据是教学总体目标以及具体的教学原则，运用系统的科学评定方法，对教学过程中的"教"与"学"两方面进行价值判断及评估。教学评价的对象是"教"与"学"两部分的过程和结果，其中最重要的内容是对学生的"学"部分的评价。此处详细介绍两种用于游戏教学的评价体系。

（1）诊断性评价

诊断性评价指的是出现在研究开始阶段的评价，在本章的研究中，指的是在体育活

动开始之前,为了顺利且有针对性地实施教学计划而对学生的学习准备状况及可能会对学生的学习造成影响的因素作出评价。诊断性评价的主要作用是帮助教师对学生的情况有一个大致的判断,检查学生的学习准备情况,以选择合适的教学手段,进行适宜的教学安排。

游戏教学法的诊断性评价出现在体育教学的准备阶段,在开展游戏前通过对学生的诊断可以检验出学生的大体情况,比如能力等级、技能水平、心理特点等。这些数据为游戏的选择和具体设计提供了可靠的依据。

游戏教学法的诊断性评价内容主要包括专项身体素质测试、专项技术测试、心理指标测试。

(2)终结性评价

终结性评价又称作总结性评价,是指在一个学习阶段某一门课程结束时对学生的学习结果进行的评价,主要作用是检测学生在某一阶段或某门课程上的学习效果,验证学生对所学知识的掌握程度,并依据评价的结果以及学生后续的学习目标,制订新的教学计划。终结性评价常在学期末进行,检验的内容范围较广,评价的概括性较高。在本章的研究中,终结性评价指的是在体育游戏结束后,教师或研究者为了判断学生的学习效果而进行的评价。

在运用游戏教学法后,对学生进行终结性评价,可以得知学生对体育技能的掌握水平,判断教师的教学水平,并依据评价后掌握的情况来制订针对性的教学计划,以便提高学生的学习能力和学习效果。

利用游戏教学法进行终结性评价主要包括两方面的内容:专项技术测试(技评、达标)、心理指标测试。

4.游戏教学的教学过程

游戏教学的具体教学过程如图4-4所示。

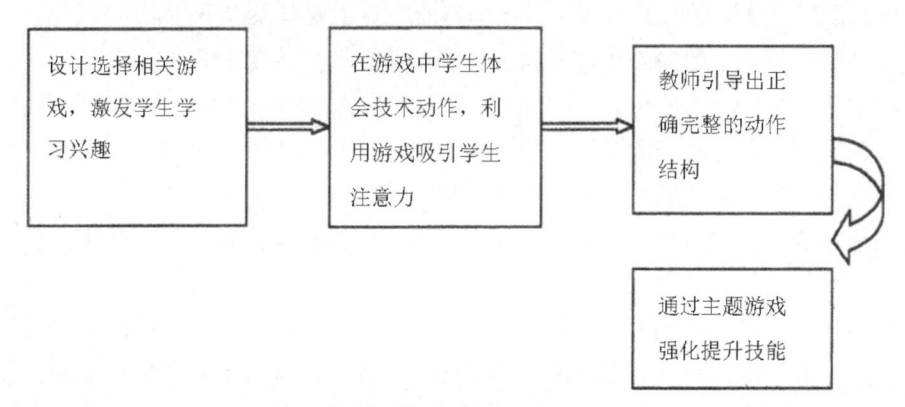

设计选择相关游戏,激发学生学习兴趣 → 在游戏中学生体会技术动作,利用游戏吸引学生注意力 → 教师引导出正确完整的动作结构 → 通过主题游戏强化提升技能

图4-4 游戏教学的教学过程

5.游戏教学法的教学特点

游戏教学最大的特点是将教学内容与游戏相结合,教师根据学生的整体水平,将具体的教学内容分解,并为不同的内容安排一定的游戏情节,让学生在进行游戏的过程中

学到知识和技能。利用游戏的竞争性、娱乐性激发学生的兴趣，吸引学生参与到游戏中，利用游戏规则引导学生完成一定量的练习。所以，游戏教学法能够提高教学效果，教师应熟练掌握，灵活运用。

教学不仅仅是知识和技能的教学，同时也包括情感和态度的转换，教师应该在教学内容准备充分的基础上，注重引导学生的学习态度与学习情绪正确形成。

（二）关于游戏教学法在体育教学中应用的理论研究

1. 关于体育游戏的理论研究

（1）游戏及体育游戏的内涵

最早的游戏形式产生于人类原始社会，是人们为了满足生活需要而创造的一种娱乐性活动，它具有一定的规则。游戏的产生与人们的生产和生活背景紧密相联。

在人类社会，游戏还是一种教育手段，这在人类的发展的早期已经有所体现，长辈通过游戏向年幼的生产者进行生产教育，传授自身的生产和生活经验给年幼者。这种通过游戏来达到教育目的的方式可以使年幼者快速吸收生产知识并融入现实生活。

体育游戏是游戏的一个分支，同时也是游戏内容的重要表现形式。现代的许多体育项目最初都是游戏形式，只是随着时代发展被人们不断规则化而逐渐演变成有严格规则的体育项目。所以，游戏、体育游戏、体育项目三者之间存在一定的内在联系。

对于体育游戏的概念理解，本文中采用的定义为：体育游戏是一种有目的、有规则、有组织的体育活动，是一种包含创造性和主动性的活动。现代体育教学中采用游戏教学法时，所采用的游戏几乎全是体育游戏。

（2）体育游戏的特点

体育游戏主要是以人为载体表现出体育动作的游戏，体育游戏是游戏的重要表现形式，它在体现游戏的一般特性的同时又表现出体育的特征。体育游戏能够促进人的综合发展，可以同时发展人的德、智、体方面的特质，它主要具备以下几个主要特点。

①娱乐性，娱乐性是游戏的本质特征，游戏正是因为人们的娱乐需求而产生的，体育游戏的本质是游戏，所以当然也具有娱乐性。游戏的娱乐性能够让参与的人心情愉悦，舒缓压力，有利于营造轻松活跃的氛围，使学生在良好的氛围中学习，更好地掌握体育知识，提高学习和教学效果。同时，游戏的趣味性可以吸引学生参与，激发学生对体育活动的兴趣。所以，在体育教学中，教师应灵活运用体育游戏来教学，提升教学的效率和质量。

②普及性，体育游戏的种类丰富多样，且富于变化，可以满足多种体育需求和游戏需求。在体育教学中，教师可以根据不同年龄、性别、体育水平的学生来编创、选择合适的体育游戏，以满足教学需要。

③规则性，体育游戏形式和内容众多，至今广为流传，而其中只有具备统一的规则游戏才能在大范围开展。体育游戏的内容和规则传承于原始游戏，并随着时代发展而演变，为了适应时代发展，满足人们的需求，在现实中得到不断创新。体育游戏的规则性

比其他游戏更为明确，能够保证游戏在体育教学中有序进行，顺利达成教学目标。

④竞争性，体育游戏的娱乐性能够激发人们的参与欲望，规则性保证了体育游戏公正公平的顺利进行，那么竞争性则可以调动人们的积极性和主观能动性。

竞争带来的成就感能够激发人们的进取心，从而最大限度发挥人们的主动性，激发人们的潜能，体育游戏效果将发挥到极致。现实中，体育游戏中的竞争大多表现为以个人取胜或集体取胜的形式，游戏胜负的评判标准一般是完成的数量、速度和质量，这些指标是人们在体力、智力以及合作能力等方面的能力的综合体现，而这些能力对于体育教学以及学生的综合发展都是有利的。

⑤目的性，体育游戏作为一种系统的活动，人们在开展的时候一定想要借助体育游戏达成某些目的，比如愉悦身心、健身健体、培养意志品质、完成任务等。在体育教学中，开展体育游戏也有目的性，比如教师学练安排是为了调动学生的积极性，或是为了让学生们热身等。体育游戏的开展就是目的和行为相统一的表现。

（3）游戏教学法概念的界定

主要从相关概念整合并讨论游戏教学法的概念。

①游戏法，是一种运用游戏的形式来达到游戏目标的练习方法，通常由教师组织开展游戏，让学生参与其中，在规则许可的范围内可以充分发挥学生的创造性。

②体育游戏，是一种以体育活动为主要内容的游戏，同时也可以作为一种体育教学方法。为了吸引学生参与体育训练，教师将体育教学内容分解成大部分，融入适合的体育活动中，为体育活动加上情节或规则，以游戏结果作为判断胜负的依据。

③教学游戏，主要作用是用来教学的游戏，教师选择合适的游戏，将教学内容与之结合，以生动有趣的氛围激发学生的学习兴趣。

有学者认为游戏法是由教师组织学生参与，为了达到预期教学任务的一种方法，游戏法具备情节和规则，内容形式多样，游戏的特性能够激发学生的学习情趣爱好，从而充分发挥学生的创造性和主动性，培养了学生多个方面的能力。

综上所述，本书对"游戏教学法"的定义为：游戏教学法是一种教师将游戏作为教学内容的载体，组织学生参与游戏，引导学生在游戏中掌握教学的内容，从而达到教学目标的教学方法。

（4）体育游戏教学法与高校体育教学特点的内在联系

高校的学生正处于思维活跃、行动力强，对新鲜事物好奇心重的心理发展阶段，学生个体之间有着较大的差异性，由于这种差异性，高校的教育注重学生的个性发展和综合能力的培养。传统的体育课程为了完成一定量的教学任务，教学模式单一枯燥，对于大学生来说缺乏吸引力。而体育游戏教学法有着游戏的一般特性，即娱乐性、竞争性、普及性，能够满足大学生不同的心理需求，吸引大学生积极参与体育游戏，在有趣的游戏氛围中掌握其中蕴含的体育教学内容，完成教学目标。同时游戏还因其竞争性以及规则化，能够培养大学生的团结合作精神、勇于挑战进取的精神，有利于大学生今后更加适应社会发展。并且，通过体育游戏来学习体育知识的形式有利于培养大学生的体育兴趣，促进大学生形成终身体育的意识。

（5）体育游戏在体育教学中的作用

从对体育游戏的分析来看，它对体育教学有明显作用。体育游戏具有娱乐性、竞争性、普及性的特点，符合大学生活跃的心理特征和不同心理需求，能够激发大学生参与体育活动、学习体育的动机，它的竞争性能够促使参与游戏的人团结合作、不断进取，培养了人的集体主义精神。体育游戏对体育教学有着非常重要的作用，具体表现在以下几个方面。

①对教学的有效辅助作用，在体育教学实践中，体育课的具体教学环节中可穿插游戏让学生更形象更真切地体会到教学内容，或者可以将整个课程都通过一个游戏过程来完成，同时完成理论知识学习和实践验证。

体育游戏对于体育教学的作用从准备部分就有所体现。在体育课刚开始的准备阶段，学生们的身体和心理都处于一种平静状态，此时身体的关节灵活性差，肌肉僵硬，大脑的兴奋性不高，尤其是一些本身对于体育课程没有兴趣的学生，可能会出现消沉的情绪。再者，对于大学生而言，从小学的体育课开始就一直在传统的教学模式中接受体育教育，所以在体育课上的激情自然不高。基于这类情况，采用游戏教学法就很有必要性。体育游戏能够满足大学生的心理需求，激发他们对于体育活动的兴趣，吸引他们积极参与到体育教学的过程中去。在体育课的准备阶段，利用体育游戏可以帮助大学生热身，使得大学生处于一个轻松愉悦的环境中，从而调动他们的情绪，让大学生的身心都兴奋起来。所以，在体育课的准备阶段采用游戏教学法作用明显，有利于促进接下来正式的体育教学顺利进行。

在体育教学的主要部分，即基础教学部分，体育游戏起到了重要的辅助作用。通常体育课的教学内容分为复习旧知识和传授新知识两部分，以往的教学方法单一，很难让学生提起学习兴趣，尤其是在复习旧知识的时候，由于缺乏新鲜性，大学生更加难以提起学习的热情。但是游戏教学法可以利用游戏的娱乐性和趣味性吸引大学生，使其兴奋，提高注意力，在轻松的游戏氛围中完成复习旧知识学习知识的过程。

在体育课的末尾，教师可以安排一些难度低的轻松的游戏，放松学生的身体和情绪，使其平静下来，有助于学生快速恢平复兴奋的机体以及心情，以便他们能够更好地投入文化学习课堂。

②强化了体育课健身功能，体育课采用传统的教学方法时，呈现的教学内容对于大学生来说是单一、枯燥的，因此学生的学习热情低下，由此也直接影响到了体育教学的效果。运用游戏教学法，能够提高大学生对学习体育知识的积极性和兴奋度，学生积极参与体育教学，提高了体育教学的效果和效率，也能让学生进一步体会到体育的魅力。同时还因为体育游戏的形式丰富，教师选择适合的游戏能够最大限度突破人数限制，使得每一位学生都能有机会参与游戏，获得体育锻炼的机会，保证了体育课的健身功能得以充分发挥。

③赋予了体育教学的娱乐功能，传统的体育教学方法往往是单一的灌输式教学，教

师单方面将体育知识和技能传授给学生，教授的方法僵硬单一、气氛沉闷，学生对于体育课缺乏激情，长期下去还会觉得体育课无聊枯燥，这种教学氛围下的教学效果自然不高。游戏教学法以游戏为体育内容的载体，具有游戏的娱乐性特质，生动有趣，能够满足大学生的内心需要，使体育课程变得活跃，愉悦了学生们的心情。良好的学习氛围能够提高学生参与体育教学的热情，提高教学效果。

④拓宽了体育课的教育功能，体育游戏具有明确的规则，学生在参与游戏时必须严格遵守游戏规则，这能够让学生养成遵守社会规则的习惯。同时，游戏的内容和形式丰富多样，适用的人数也不一样，对于胜负的评判需要根据完成的数量、质量、速度等标准来决定，这样就使体育游戏的行为内涵更为丰富，教育功能更加全面。

游戏对人最显著的教育功能是游戏的公平竞争性，游戏具有明确的规则，体育游戏能够培养学生的公平竞争的精神，帮助他们养成遵守规则的习惯，有利于学生适应社会。

体育游戏有许多集体参与的形式，为了获得游戏的胜利，需要集体合作，发挥团体智慧和团体力量，相互配合，这有利于培养学生团结协作的精神。

针对学生尚未熟练掌握的体育技术，教师会将体育技术融入相应的体育游戏，引导学生在参与游戏的过程中进一步掌握基本技术，有利于学生独立思考能力和学习能力的培养，以及创新思维的开发。

由于体育游戏的独立性和特殊性，在参与体育游戏中，学生熟练掌握技术后可以在教师的指导下自行组织或者创造新的体育游戏，以满足体育课堂教学的要求。游戏创编的经历有利于培养学生的创新思维和自主创新能力。

2. 关于体育教学中游戏选择的研究

游戏教学法的特点决定了它在体育教学方面的重要作用，体育游戏的形式和内容丰富多样，如何选用合适的游戏应用于体育教学，对体育教学的影响重大，正确的游戏选择可以得到非常好的教学效果，游戏选择不对则可能会对体育教学造成不良影响。在采用游戏教学法时，对于游戏的选择，应遵循以下几个原则。

（1）内容健康向上

在体育教学中采用游戏教学法时，体育教师为了实现教学目标，往往会选择或者编创对于体育内容的教学最为有效的游戏，努力让学生在游戏中获得最有效的领悟。但是有效性的前提应该是游戏内容和形式的健康性，其形式必须符合社会道德规范，内容必须符合思想政治教育的内涵。

（2）具有趣味性

体育游戏的本质属性是游戏，游戏的趣味性和娱乐性是根本属性，是游戏的价值体现，没有趣味性的游戏仿佛没有生命，可能会引起学生的反感，造成反作用。富有趣味性的游戏能够激发学生内心的娱乐冲动，并对参与体育教学中的游戏产生浓厚的热情和兴趣。体育游戏有明确的规则，但相对体育竞赛来说是一项轻松的体育活动，能够愉悦参与者的心情，调动学生的积极性，使得参与游戏的学生能够在轻松的氛围中，将注意力集中在游戏中,从而更高效地掌握游戏中蕴含的体育知识和技能。

(3) 富有教育意义

体育游戏能够提升学生的运动技能,使学生的身体得到锻炼,这是体育游戏的一个益处。除此之外,游戏具备多方面的教育功能,因为游戏的形式多样,内容丰富,可以对学生的德育、智育、体育起到全面的教育作用,还能够通过实践培养学生的合作精神、创新思维,所以在采用游戏教学法时对游戏的选择应突出其教育意义。

(4) 简便易行,富有针对性

游戏教学法为教学目标服务,所以选择的游戏要发挥有效的教学辅助作用。这就要求游戏的规则要简便易行,目的突出,游戏的规则过于繁杂会使得师生耗费精力和注意力于游戏本身,对于体育教学来说主次不分,导致最后取得的教学效果不理想。

体育游戏的选择还需要有针对性,这样才能在不同的教学阶段选择合适的体育游戏,从而提高教学效果。比如在体育课的准备阶段需要让学生热身,可以选用肢体动作简单但是针对关节活动的体育游戏;在体育课的主要阶段,选用可操作性强、能够体现需要复习的旧知识或者需要传授的新知识的游戏;体育课的结束阶段要放松学生的身体和身心,此时应选用动作幅度小、能让学生平静下来的游戏。

(5) 确保安全性

安全问题是人们生活中最应重视的问题,在体育教学中也同样如此,确保学生安全应该是教学的重点。在采用游戏教学法时,开展体育游戏要把学生的安全放在第一位,必须对游戏中可能出现的安全问题全面考虑,提前做好防范,对场地、体育器材的具体情况要有全面的了解,以防出现伤害事件。此外要对学生的训练以及活动量进行合理的安排,避免超负荷。还要密切关注大学生的身心特点,掌握游戏节奏,避免学生因过度兴奋而失控发生意外损伤。

3. 体育游戏在教学中实施的理论研究

体育教学中采用游戏教学法有利于提高教学效果,其中体育游戏的实施情况将会直接影响到整体的教学效果,因此对于体育游戏在体育教学中的实施需要进行相应的理论研究。

(1) 体育游戏的组织实施要把握好体育游戏的质和量

体育游戏能够起到教学辅助的作用,影响其作用的最关键的两个点是质和量。

对于质的把握,体现在游戏内容要与教学内容或教学目的相贴合。对于不同的阶段、不同的教学内容要有针对性地选择合适的游戏,这样可以将游戏的辅助作用发挥到最大。

对于量的把握,是指要精确掌控游戏的活动量。开展体育游戏的目的是完成教学目的,而不是单纯地锻炼学生的身体素质,所以活动量的安排应能让学生学会正确的体育知识和技能同时又不会负荷过大。超出负荷的运动量会导致学生受到运动伤害,反而影响了教学效果。

(2) 体育游戏的实施要注意发挥游戏的特色

体育游戏集娱乐性、竞争性、教育性于一体,在实施游戏时要注意发挥其特点。

体育游戏的竞争性由游戏规则来体现，明确的规则保证了游戏的公平公正，因此学生们可在公平的环境中良性竞争。教师在实施游戏时要合理编制游戏规则，保证其公平公正性。

体育游戏的娱乐性体现在其简单、生动、有趣的特点，游戏的竞争性没有正规体育竞赛那么浓烈，所以学生之间对于胜负没有执念，更加享受游戏的过程。

体育游戏的教育性体现在游戏的细节中，比如集体游戏需要团结协作、公平竞争，个体游戏更需要创新思维。体育游戏的教育学是多方面的，能够在德育、智育、美育方面对学生起到教育作用。

（3）体育游戏的实施要保证安全第一

我国的教育目标是培养德、质、体全面发展的人才，体育教学是实现教育目标的重要途径。由于体育的特殊性，在体育教学中采用游戏教学法时，要非常注重安全性。体育游戏的形式和内容多样，以学生的身体的实践活动为主，所以在实施前要进行周全的考虑和场地、器材的检查，并且对学生进行安全教育，提醒学生需要防范的事项，提高学生的安全意识，促使学生严格遵守游戏规则。此外，在实施过程中要密切观察学生的动态，防止意外受伤的情况。

三、游戏教学法在高校体育教学中应用的实践研究

如今我国的体育教学改革逐渐深入，但由于受到传统的体育教学方法的影响，目前还存在许多问题，比如一周一次的课程安排，如此低的上课频率增加了学生记忆动作的难度，并且教师教学的时间过短，不利于学生深入学习；教学方法单调，尤其是有些难度的动作，学生容易感到枯燥无聊。

为了解决体育教学中出现的问题，已经有高校率先引入游戏教学法，丰富了体育教学中的实践活动，也积累了游戏教学法的实践经验。接下来以武术教学为例，展开高校体育教学中关于应用游戏教学法的研究。

（一）武术"游戏教学法"引入高校武术教学的意义与作用

1. 武术"游戏教学法"有利于提高学生认识水平

武术运动的内容多样，有着独特的文化底蕴，学生容易对武术运动产生兴趣，可以选择自己喜欢的武术运动。兴趣对于学习是极为重要的动力，通过武术运动的游戏教学，学生能够更深刻地体验到所学的知识，进一步认识和理解体育和武术。由于对武术运动的理解加深，学生的参与意识也会增强，对武术知识也有着更深层次的掌握，这提高了学生对武术知识和体育知识的认识水平。

2. 武术"游戏教学法"有利于学生智力和非智力因素的发展

武术游戏是一项综合性的游戏，不仅能够激发学生的学习兴趣和动机，还能够促进学生的智力因素和非智力因素发展。武术运动的游戏需要学生通过模仿武术动作、体验

武术技术以及激烈的武术竞争来完成，在游戏的过程中，学生的思维活跃，身体与思维配合并趋向协调统一，这能锻炼学生在感觉、知觉、想象、意志等方面的素质品质。另一方面，学生可以从武术游戏中寻找教学中存在的问题，并思考解决方法，这可以提高学生的自我发展的积极性，促进学生在学习、生活、理想、观念及人际关系等方面的发展进步。

3. 武术"游戏教学法"有助于顺利完成学校体育教学计划

不同的学生个体在武术教学中的表现和状态有差异，比如在教学的开始阶段，学生的兴奋度不同，注意力程度不同，这会对后续的教学计划产生影响，所以体育教师可以在武术教学的开始阶段采用武术游戏来提高学生的兴奋度和积极性，帮助学生快速调整到适合的学习状态，该阶段可用的游戏如武术模仿游戏、武术项目报数游戏。

武术运动有些动作的难度较大，学生很难掌握，极易受挫，这时体育教师应该有计划地选择武术游戏的方法教学，使学生在游戏中慢慢适应，逐渐掌握武术动作，在增强学生信心的同时促进学生顺利掌握武术知识，比如在武术耐力的教学中，体育教师可以根据具体的教学进度和学生的实际水平，采用学生之间互相监督的武术游戏进行教学。教学中充分利用武术游戏，对高校体育教学计划的顺利完成起着十分重要的作用。

4. 武术"体育游戏"教学法提高了学生心理健康水平

武术教师在教学过程中，根据学生的实际体育水平和心理状况科学采用游戏教学法，选择合适的体育游戏，引导学生进行武术的学习。这样不仅能够活跃课堂气氛，调节学生的情绪，同时可以帮助学生在掌握武术知识和技能的同时，提升心理健康水平。

5. 武术"体育游戏"教学法有利于提高学生的思想品德

武术教学中的"体育游戏"本质是游戏，有着明确的规则，学生在参与游戏的过程中必须遵守游戏规则，长此以往就会形成自觉遵守规则的习惯，树立起公平竞争的意识，培养认真负责的态度和坚持不懈的进取精神，这体现了体育游戏对学生的思想品德教育的作用。

综上所述，高校的武术教学中应用"游戏教学法"是提高武术教学质量的有效方式，武术体育游戏能够激发学生的学习动力，能够促进学生在智力与非智力因素的发展，不仅提高了学生的体育水平，还促进了学生的心理健康发展，同时培养了学生的思想品德。

（二）"游戏教学法"引入高校武术教学的教学设计

随着我国高校体育课程改革的逐渐深入，体育教师不再只是单纯的知识传授者，现在的体育教师对于教学有了综合性的把握，对于教学观念、教学手段、教学策略、教学目标、教学评价等都有着一定的参与度。由于教师是教学的具体执行者，对于执行中出现的问题有着丰富的处理经验和最大的话语权，所以教师参与教学设计能够在很大程度上针对传统教学方式中出现的问题进行改进，完善教学模式，采取全新的教学方法。教学设计是教学的重要环节，设计对后续的教学环节有着直接的影响作用。

1. "游戏教学法"引入高校武术教学的目标

课程的教学目标是教学的方向指引，也是阶段性的教学指南，所有的教学活动最终都是为了实现教学目标。高校的武术教学目标是：提高学生对武术知识和技能的掌握，提高学生的身心健康水平，传播传统文化。体育游戏教学法是一种新型的教学方法，其借助游戏的趣味性激发学生的学习兴趣，其自身所具备的娱乐性使得学习氛围和谐、愉悦，学生在轻松的环境中学习能够提升学习效率。将游戏教学法引入武术的教学目标可以提高学生体育教学的主动性和积极性，将武术动作设计进游戏中可以帮助学生在参与游戏的过程中自主领会、主动思考，对武术知识和技能的掌握得更加深刻和牢固。

2. 游戏教学法引入高校武术教学的内容

武术流传到现在，有许多内容的流失，再加上继承发扬和创新的力度不够，所以武术教学内容有时会显得陈旧、晦涩，这对于教学来说将会造成较大的困扰，学生容易对单调的内容感到枯燥，或者因为难以掌握动作要领、难以领会动作寓意而产生排斥或者厌学心理。

经过对高校学生关于武术教学内容的调查发现，高校学生对于武术教学内容的满意度较低，希望修改教学内容的学生占大多数。当代大学生更喜欢一些实用性强的武术项目，比如散打、太极，或者器械类，对武术基本功基本没有兴趣。针对这种实际情况，武术教师在选择教学游戏时可以选用内容更为激烈、实用的游戏。

3. "游戏教学法"引入高校武术教学的教学结构

（1）武术"游戏教学法"在教学准备阶段的运用

体育教学的基本结构由三部分组成，分别是开始部分（或准备部分）、基本部分和结束部分。在多年的教学实践经验中，人们总结出了一些教学的规律，针对每个阶段学生的身心状态不同的情况，创编了许多不同的武术体育游戏，至今已经发展成一个较为系统的模式。

在体育教学中正确运用武术体育游戏能够提高教学质量，任课教师要根据具体的教学环节采取适合的体育游戏。在体育课的开始阶段，学生的身体和心理都处于平静状态，并且学生们集中在教学内容上的注意力程度不一，这些都是影响课堂教学计划执行的因素。此时，教师采取能够吸引学生的注意力使其参与其中的游戏，有利于提高学生的兴奋性，从而将身体和心理状态调整得适合体育教学。

在传统的体育教学中，在准备活动的阶段为了使学生的身体预热，教师通常采用的方法是慢跑、原地高抬腿、体操等几种常用的手段，这些动作只能局限于调节学生的生理机能，没能调动学生的情绪，并且，长期反复使用下学生容易感到枯燥，从而产生排斥，以致影响到准备阶段的效果。

游戏教学法由于具备趣味性和娱乐性的特性，能够快速吸引学生的注意力，激发学生参与游戏的兴趣，学生在体育游戏中能够短时间内迅速将身体和心理调节至适宜体育教学的状态。因此，教师要在教学的准备阶段应选择一些能够提高学生注意力和兴奋性的武术游戏，尽量每次有所变化，以丰富准备活动的内容。在准备阶段把学生的身心调节到最佳状态，有助于后续的教学环节顺利进行。

（2）武术"游戏教学法"在教学基本阶段的运用

武术教学的基本阶段是教学中最重要的环节，该阶段的教学内容是武术的基础知识、基本技术、技能，教学任务是使学生掌握基本知识和技能。

为了避免采用传统的教学方法使学生感到枯燥、排斥等情况，教师需要根据具体的课程教学内容、任务、性质以及学生的身心特点，选择适宜的武术游戏，将武术动作融入游戏，帮助学生在轻松愉悦的氛围中更好地掌握武术知识，提高教学质量。

在选择武术游戏时应注意几点，游戏的内容要以武术课的教学内容为中心，游戏是为教学服务的，需要具有较强的趣味性来激发学生的学习兴趣，但不需要过于复杂，否则会耗费过多的注意力在游戏本身，影响教学任务的完成。另外，采用武术游戏教学的时机也非常重要，在基础教学的初期不宜采用游戏法，应该在重复练习时采用，以免影响学生对技术动作的正确掌握和巩固。

教师在课程教学过程中要注意观察学生的学习情绪，发现学生情绪不佳时，要找到原因并解决问题，或者改变原有的教学方法，有针对性地选择武术体育游戏辅助教学。例如，运用武术的套路教材可以锻炼学生的耐力、提高学生的心肺机能。

由于耐力训练容易使学生觉得单调和枯燥，所以如果教师采用传统的教学方法，让学生不停地重复训练时，学生可能会产生反感和排斥的心理，一旦心理状态不佳，学生的学习效果以及意志力的培养就会受到影响。为了避免这种情况，教师可以选择一些适合耐力训练的游戏进行教学。

（3）武术"游戏教学法"在教学结束阶段的运用

体育教学的结束阶段的主要任务是帮助学生消除疲劳，恢复身体机能。经历过基本阶段的训练，学生的身心已经较为疲惫，在结束阶段要帮助学生放松身心，使其由亢奋状态回复到平静状态。该阶段可以选择一些小负荷运动量的武术游戏，使得学生在欢乐的气氛中放松身心。

（三）武术"游戏教学法"在高校武术课堂的组织教法

作为一种新型的教学方法，武术游戏教学法在教学中的应用实践还处于探索阶段，因此，武术游戏教学法在高校武术课堂的组织教法应该按照以下的一些步骤和流程进行。

1. 武术游戏的讲解和示范

组织武术游戏，首先要让学生了解游戏的基本情况，所以应先对武术游戏进行讲解。讲解的内容包括武术游戏的目的、方法、规则以及其他相关要求。还要提前让学生注意一些安全事项，尽量避免学生受伤，让学生在游戏规则允许的范围内享受游戏教学的乐趣。

教师在讲解武术游戏的具体要求时，要选好讲解的位置，注意让学生处于舒适的位置，保证让每位学生都能听得到讲解内容，还要注意将重点内容讲解清楚，讲解与示范相结合，加深学生对游戏的理解程度。

2.根据武术课的教学的目的和内容来选择武术游戏

武术游戏的形式多样，内容丰富，且针对性强，所以在武术教学中应根据具体的教学内容和教学目的来选择与之相应的武术游戏。例如，武术教学的准备阶段与结束阶段所选择的武术游戏有所不同，器械武术教学课和拳种武术教学课选择的游戏也不同。

高校武术教师应该明确武术游戏的目的是辅助教学，为教学目标而服务，教师应具有武术游戏的分析和选择能力，能够根据武术课的不同教学内容和不同形式，选择利于教学的武术游戏，使学生得到锻炼的同时，还能在游戏中掌握武术知识，完成学习任务。

3.科学地组织武术游戏教学活动

在运用武术游戏教学法时，如何科学地组织课堂中的游戏也是非常重要的一个环节，要充分调动学生的参与积极性，保障学生的练习时间。武术教师要在保证学生安全的前提下将完成教学任务放在首位，在组织游戏时要注意有效利用场地和器材，发挥学生体育的骨干作用，合理安排学生的运动负荷，全面考虑到学生的差异性。

4.武术游戏中的合理分组问题

许多武术游戏需要分组进行合作或对抗，这就要求教师能够对学生进行合理分组。主要的分组或分队的方法有教师分组、报数分组、组长分组和固定分组。教师应该根据具体的游戏内容和游戏形式，结合学生的人数以及水平差距等情况来选择分组的方法，最后的分组要尽量保证人数基本相等、实力大致相当。只有合理的分组才能保证游戏的公平性，才能充分发挥学生的积极性、主动性和创造性。

5.保证安全，做好裁判工作

由于武术游戏主要以身体动作为主，所以在游戏中容易出现拥挤或者推搡等情况，极易造成安全问题，因此在组织游戏时要提前做好安全防范工作，清除场地危险因素，并对学生进行安全教育。

游戏过程中裁判要公平、公正，判罚清晰合理。对于游戏中的运动量、运动强度以及学生的情绪，教师都要密切注意，实时加以引导调节，如果出现问题要及时采取解决措施。

6.做好武术游戏教学的总结

武术游戏是为教学目标服务的，其本身也具有一定的目的性，作为一种教学手段，要对教学效果作出评价，就需要对采用的武术游戏进行教学总结。对于其中表现好的予以表扬，对于其中存在的问题要记录下来并找出解决办法，以达到更好的教学效果。

7.预防武术游戏教学中的基本问题

在武术课的教学中，可能出现的教学问题为：

（1）游戏过程中可能出现各类伤害事故；

（2）由于组织不妥当，如分组不妥等原因，或者由于学生的过于强烈的竞争心理，易出现一些过激行为，如责备、埋怨等；

（3）教师对游戏运动的负荷安排不合理；

（4）学生的思想觉悟不高，不遵守纪律等现象。

为防止出现游戏活动的基本问题，在教学中必须注意以下问题：

（1）游戏要坚持形式科学，内容合理的原则；

（2）游戏的规则制定要准确，裁判公平、公正；

（3）游戏组织严谨周全，认真负责；

（4）加强学生的纪律性和安全教育。

综上所述，高校武术教学的"游戏教学法"对武术教学有着重要作用，并且有着形式多样、内容丰富的特点，在武术教学中科学合理地选择游戏、组织游戏，能够激发学生学习和练习武术的自觉性和积极性，从而帮助学生在增强身心素质的同时，熟练掌握武术的基本知识和技能，提高教学效果。

（四）高校武术"游戏教学法"在运用中的注意事项

1. 武术游戏活动的设计应该具备的特点

（1）具有针对性。教师在设计武术游戏时，首先要以明确的游戏目标作导向，武术游戏的目的是辅助教学，教师应根据具体的教学内容，将游戏设计与教学内容相贴合，以便提高教学质量。

（2）具有趣味性。游戏的本质特点之一是趣味性，只有具备趣味性才能吸引学生参与，调动其学习兴趣。

（3）具有科学性。武术游戏的设计应充分考量学生的知识、技能的运用，难易程度的设计，遵循循序渐进的原则。组织、实施游戏时要合理安排学生的运动量。

（4）具有竞争性。武术游戏要具有一定的竞争性，以激发学生的斗志和进取心，但要运用规则保证竞争的公平性。

2. 有明确的武术教学目的，教学组织周密而细致

教师选择武术教学游戏应以辅助完成教学任务为前提，根据具体的教学内容，选择与教学内容相统一的武术游戏，使其能够增强学生的学习动机，利于顺利完成教学任务。在组织游戏实施的时候，要多从学生的具体情况出发进行，科学地组织教学游戏。

3. 武术游戏教学应因材施教

武术游戏的内容丰富，形式多样，教师在选择教学游戏要根据具体的教学情况，以及学生的具体情况，乃至学校的实际情况来选择，要因材施教，才能发挥出游戏教学法的最好的效果，完成教学任务。

4. 注意武术游戏教学活动结束后的评判和总结

在结束武术游戏教学活动后，教师要及时对游戏活动进行总结和评判，指出在游戏中学生的表现值得肯定的地方以及不足之处，针对学生表现不足的地方给予建议，同时要注意游戏本身的缺陷，及时改进。

第五章　高校体育教学设计改革研究

体育教学设计对高校体育教学发展与改革起到规划性和指导性作用。科学、合理的教学设计有利于保障体育教学的顺利实施，有利于提高体育教学质量和效果。重视高校体育教学设计，不仅是高校体育发展和改革的客观需求，还是教师提升自身专业水平、满足学生身心需求的重要前提。

第一节　体育教学设计基本理论

一、教学设计与体育教学设计

（一）教学设计

教学设计是指根据课程标准要求和教学对象特点，对教学中的各个要素和环节进行有序排列，从而确定合适的教学方案设想和计划。一般来说，可以从以下几方面来认识教学设计的内涵。

（1）教学设计的目的是提高教学效率，使学生和教师都能够在有限的单位时间内提高自身各方面能力。

（2）教学设计与设计的性质大体一致，但不同的是，教学设计必须遵从教学的基本规律。

（3）学习理论、教育理论、传播学、心理学等学科的理论，都作为教学设计的理论基础。

教学设计是一个系统性工程，它实施于教学活动开展之前；在设计过程中，应始终以具体的教学目标为要求，对教学活动中的各个环节进行科学的分析和策划。

（二）体育教学设计

体育教学设计与教学设计的思路基本一致，其制度思想、基本思路、程序环节都维持设计的基本思路不变，但必须要在实际的操作方案中重点突出体育知识的特点，即以体育学科的特点开展体育教学设计。

在进行体育教学设计时，首先应全面分析现代体育的特点、目标、要求，再将其与教学设计的思路相结合，即可以得出体育教学设计的基本表述。体育教学设计的目的在于提高教学成果，教师在开展教学活动前，需要以一个宏观的思想作为指导，以体育相关的理论知识为基石，结合与体育相关的其他学科的特点，致力于满足学生身体体质与心理素质的发展需求，在体育活动中针对"如何学""学什么""为什么学"等系列问题作出回答并设计出高效的体育教学实践方案，让学生明确"为什么学""学什么"，在学生掌握需要的教学内容后，再采取相应的策略让学生"如何学"。

二、高校体育教学设计的特点

（一）超前性

超前性是指在体育教学中应预先进行教学设计并得出相关的教学方案，然后再开展实质的体育教学活动。体育教学设计也可以看作是体育教学实践活动的一项准备工作，它是对项目活动的预测、估计，起到引导体育教学实践活动开展的作用，因此体育教学设计具有超前性。

从教学设计的本质上来看，它是对教学活动的预估和展望，是对其过程中可能面临的问题和状况所作出的一种预见性分析，这种分析预估的过程是根据体育教学、教学理论、学生需求所做出的设想，是对可能出现的问题和状况的一种安排与策划。

（二）差距性

高校体育教学由于受到多重因素的影响，并不具有固定性和稳定性，所作出的体育教学设计也是基于一种构想和预测的基础上，与教学实践之间不可避免地存在一定的差距性。

由于差距性的存在，所以体育教学设计预先作出的解决方案可能并不能真正解决实践教学中所出现的问题。实践教学的变动性和复杂性是无法避免的，这就导致教师在作出体育教学设计时，无法真正全面地考虑到可能出现的情况和问题。教师所作出的体育教学设计即便相对完善，但是未必就能全面体现教师的实践教学水平。因此，体育教学设计与教学实践的差距性就要求教师能够根据现场环境和状况，有足够的能力灵活应对各种问题。

即便差异性存在，体育教学设计的存在也是极具实际意义的，它以学生的实际需求为基础导向，这与现代体育教学思想不谋而合。

（三）创造性

体育教学设计具有显著的创造性特点。首先，由于现代高校体育教学目标、体育教材、教学方法、教学手段等具有多样性、广泛性、多元性特点，因而高校体育教学相应具有庞杂性和不确定性等特点。其次，现代体育教学的过程并不是一个直线发展型的前进过程，而是一个曲折的、动态的、复杂的过程，若教师想做出一份全面的、完全合理的教学设计方案几乎是不可能的。因此，在进行体育教学设计时，应尽可能地做出具有创造性的设计方案，避免问题的多发情况。

如以上所说，体育教学具有显著的变化性，也正是这种特性赋予了体育教学设计更大的创造空间。体育教学是发展学生创造力的过程，而体育教学设计就是培养教师创新精神的过程，它对推动体育教学的改革有着重要意义。

具体来说，体育教学设计要求教师必须具备以下基本创新素质。

（1）具有扎实的文化知识基础和牢固的专业知识；

（2）对基础教育具有主观能动性；

（3）具有一定的创新性和创造能力。

三、高校体育教学设计的理论基础

扎实的理论基础对于任何学科的教学设计来说都是非常重要的，尤其对于体育教学设计来说，若没有牢固的理论基础作为基石，教育工作者就无法做出具备科学性和合理性的设计方案。高校体育教学方案设计是一个严谨、科学的系统性工程，它需要突出体育运动本身的各种特点，也因此使得体育教学方案的设计更为复杂。在此情况下，科学的理论知识的运用就显得至关重要。

（一）系统理论

1. 系统理论概述

（1）系统的构成

教学设计为一个系统性工程，由多个子系统共同构成。一般来说，教学设计系统的子系统为教学目标、教学对象、教学内容、教学方法、教学评估。这些子系统功能价值各不相同，相互之间自我独立，却又相互制衡，共同构成教学设计这一有机整体。子系统在整体中协调互助，使部分与整体形成辩证统一，实现整体教学设计系统的最优化。整体系统的构成应该满足以下三个条件。

①特定的环境，特定的环境是指能够保证系统合理存在的特有环境，系统与特定的环境之间，既是从属关系，又是包含关系；既能相互制约，又能相互合作；两者相辅相成，共同发展。

②特定的元素，系统由若干个不同元素组成，各个元素之间相互联系、相互依存、相互约束，共同构成一个整体。

③特定的结构，系统之所以能够形成是由于它所包含的子系统、各个要素之间存在着相互联系，但单个元素之间是无法构成一个系统的，同样的元素若通过不同的形式组合又可以构成不一样的系统。

（2）系统的特点

①集合性，系统由多个子系统组合构成，它是一个有组织的整体，因此具有多种事物集合的特点。

②整体性，系统由各个子系统集成，虽然要素之间都具有不同的功能，但是将其综合在一起之后，其功能要大于要素单个功能之和。

③相关性，构成系统的各个要素之间相互关联、相互作用、相互依赖。

④目的性，建立系统的初衷就是为了能够更好地完成特定的指向目标，因此系统所具备的功能与目标一样具有一定的目的性。

⑤反馈性，事物是发展变化着的，系统建立后虽然会表现出稳定性特征，但是并不会保持一成不变。因此，系统为了能够保证自身的正常运作，必须通过一定的反馈来洞悉自身需要调整、改善的地方，以使自身能够长期保持平衡和稳定的状态。

⑥环境适应性，任何事物都无法脱离环境而存在，系统存在于环境，受到环境各方面影响和制约。环境可以为系统提供一定的物质基础和外部信息，同时，环境还能对系统起到制约作用，避免系统朝不稳定的方向发展。对此，系统必须通过动态性调节，以使自身在环境中正常运作。

2. 系统理论对高校体育教学设计的指导

系统理论对高校体育教学设计的指导主要表现在，教师可以通过整体系统、子系统、要素的细致划分，在教学设计中有的放矢。比如学生、教师、教学内容、教学目标、媒体等子系统，就可以在进行教学设计时做到针对性的分析，使教学设计尽可能地做到宏观、全面。

（1）体育教师

体育教师是教学活动中的引导者，同时也是教学活动中的组织者和策划者，课堂知识如何理解、把握，都与教师的导向息息相关，教师在教学活动中占据着重要的地位。在体育教学活动中，体育教师要素的划分首先可以以集体的形式分为引导人、骨干、助教；以年龄划分为老年、中年、青年教师；以个体为单位划分为体育知识、体育方法、体育目标、体育任务、教学媒体等专门教师。

（2）学生

学生是高校体育教学的教学对象，是知识的接收者和学习者，同时也是整体教学活动中的主体，没有学生的存在，教学活动的存在将毫无意义。同时，学生的学习成果真实反馈教学活动的成效。

（3）教学内容

对于体育教学来说，其教学内容不仅仅包括教材中的体育知识，还包括了相关的运动技能、健康知识、心理知识等，同时，教学内容决定着教师如何做出教学设计、教学目标、教学任务。

（4）教学方法

教学方法主要是指教师的教学方法的指导思想、基本方法、教学方式，同时还包含学生的学习方法，它是教学方法与学习方法的统一，是为了实现教学目标所运用的方式和手段。

（5）教学媒体

教学媒体是教学内容的载体和介质，是教学内容的表现形式，是师生之间相互交流或传递信息的工具，如物体、语言、图表、图像、模型、多媒体等，通过一系列介质从而实现教材中的知识点教学。教学媒体是教学系统的重要组成部分，能够有效地促进体育教育的教学与学习。

（二）学习理论

1.学习理论概述

学习理论简称"学习论"，它是关于人学习的性质、过程和影响学习因素的相关学说。在长期的研究和实践中，专家和学者从不同角度对学习进行探讨和分析，形成了各种各样的学习理论。

学习理论的三个经典学派为行为主义学派、认知主义学派、人本主义学派。

（1）行为主义学习理论

行为主义学习理论形成于20世纪初，该理论在美国主导的时间长达半个世纪之久。行为主义者认为，学习是刺激与反应之间的缔结，而环境是刺激，有机体活动是反应，学习者的行为都是反复学习的累积形成。

（2）认知主义学习理论

认知主义学习理论源自格式塔学派，其在20世纪50年代后期进入繁荣发展时期。认知主义学习理论与行为主义学习理论相对立，认知主义者认为，学习就是根据当前的问题情境，在内心重新组织和构建知识认知，从而形成和发展新的认知结构的过程。

（3）人本主义学习理论

人本主义学习理论建立于人本主义心理学基础之上，其兴起于美国的20世纪50～60年代，快速发展于70～80年代。人本主义学习理论主张"以学生为中心"，关注学生的个人知觉、情感、信念和意图，强调学生的本性、尊严、理想、兴趣，倡导以学生为中心构建学习情境。

2.学习理论对高校体育教学设计的指导

不同的学习理论流派强调学习的不同方面，而相互之间之所以存在差异，主要在于其处在不同的研究背景和不同的研究角度下。但是仔细分析，可发现不同的学习理论流派也存在着一定的共性。在高校体育教学设计中，教师应当通过合理手段和途径充分发挥不同理论的优势和特点，设计得出有效的教学设计，帮助学生更好地掌握知识。

具体来说，结合学习理论三大学派的不同侧重点，不同学派对高校体育教学设计的指导具体如下。

（1）行为主义学派

在行为主义学派理论指导下，高校体育教学设计应当注重外在因素的分析与研究，如学生的作业、教材内容的逻辑顺序等。同时，应科学甄别教学中的一些较为复杂的因素，优中择优，最大限度地做出更为优质的教学设计。此外，以行为主义学派为基础的教学设计还要注重对最后的教学效果的及时性评价，要求根据客观的反馈信息有效调整和加工教学设计，使其更具有逻辑性、可行性和高效性。

（2）认知主义学派

在认知主义学派理论指导下，高校体育教学设计应当注重学生学习情境的构建以及学生的内在特征，如体育教材的内容、技能结构，学生的认知能力和掌握知识水平等。同时，应基于学生认知状况和水平，科学分析和选择教学模式、方法、手段以及教学媒体，使学生顺利有效进行知识认识构建。

（3）人本主义学派

在人本主义学派理论指导下，高校体育教学设计的重点应以学生为中心，充分尊重学生的主体地位，充分满足学生的身心发展需求。教师必须要全面分析学生的实际需求，分析体育教材内容与学生的融合度，分析现行的体育教学策略是否适合学生，分析教学是否能够有效培养学生的学习主动性和良好的学习态度，分析教学方式能否充分挖掘学生的潜在能力以及是否能让学生在学习过程中充分发挥自我价值，实现个性发展，体验学习乐趣。

（三）教学理论

1. 教学理论概述

教学理论是教育学的重要组成部分，它既是一门理论科学，也是一门应用科学。它研究教学现象、问题、规律，同时也研究教学策略；它是理论的描述，同时也是在教学设计实践中起到指导作用的解决性理论。

教学理论的形成经历了一个漫长的时期，在我国，古代的《学记》最早论述了教学理论，在西方国家的相关文献中，德国教育家拉特克和捷克教育家夸美纽斯最早提出了"教学论"概念。总的来说，教育理论经历了萌芽时期、近代形成期、现代发展期三个阶段，其研究对象和范畴主要包括以下几个方面。

（1）教学本质，论述学习的性质、过程和影响学习的各种因素。

（2）教学价值，教学目的、教学目标。探讨三者之间的关联关系和相互作用效应。

（3）教学内容，分析教学内容与教师、学生之间的关系，并以此来研究教材的选择、调整、编排。

（4）教学模式，教学原则、教学组织形式，重点研究教学的手段和方法。

（5）教学评价，为了保证教学质量的不断提升，教学评价机制是存在的必要基础。

2. 教学理论对高校体育教学设计的指导

现代教学理论对高校体育教学设计的指导作用主要表现在：提炼教师教学的核心内

容；寻找科学合理的教学方法；优化教学条件等。此外，还体现在以下几个方面。

（1）教学理论是教学设计与教学之间的枢纽，是体育教学设计的基础，也是教学设计开展之前所必须要进行研究的对象。

（2）教师在教学活动中遇到的各种问题，教学理论都能够对其作出合理的解释，体育教学设计也是根据这些问题得出解决策略和方法。

（3）体育教学设计可以进一步更正和完善教学理论，为教学理论的实践奠定坚实基础。

（四）生理学理论

1. 人体生长发育规律

（1）人体生长发育规律概述

人体的生长发育不是一个等速并行的过程，而是一个连续的、发展的过程，具有显著的阶段性特征。不同个体的生长发育速度不同，一般来说，体格越小，生长速度越快；各器官发育具有不平衡性，有的先，有的后，有的快，有的慢；人体生长发育具有一定的顺序性；外界因素、后天因素以及遗传因素影响人的生长发育。种种先天的、后天的因素的影响下，人类生长发育会呈现显著的个体差异性，具体表现身体形态、生理机能以及身体素质等方面的不同。

①身体形态随着年龄的增长而变化，期间快慢交替进行，生长发育速度呈曲线波浪式递进。

②生理机能的发展和完善主要表现在一些具体的生理器官上，如神经系统、生殖系统、淋巴系统、呼吸系统、心血管系统、皮下组织、肌肉组织、脑组织等，随着年龄增长，其都会显现一定的差异性。

③不同的性别和年龄，人体的身体素质也会有所差异，例如男生和女生相比，一般男生的身体素质就要强于女生。

（2）人体生长发育规律对高校体育教学设计的指导

体育教学必须要以学生身体素质为前提和基础，也就是说在一定程度上人体发育规律对体育教学设计起到约束和指导作用。

增强学生身体素质、提升学生的健康意识不仅是体育教学的目的，也是体育教学设计的目标，所以在进行教学设计时，就务必需要以提高学生身体机能、促进学生生长发育为前提。具体来说，就是要做到以下几点。

①根据学生不同年龄阶段的生长发育特点，有针对性地设计相应的运动项目，帮助学生身心健康发展。

②以学生的学习需求和生理发展特点为中心，找准教学中的关键点和问题所在，从而做出有效的教学设计指导。

③要对不同年龄阶段和不同性别的学生的生长发育特点做到大致的了解，才能在具体的体育教学设计中意识到生长发育的规律性和阶段性对学生所起到的影响作用。

④学生生理发展特点同样也是在进行体育教学内容编撰时应当充分考虑的环节。

2. 生理机能适应规律

由于人的生长发育是不断变化发展的，生理机能具有一定的适应性，使人体的体内外都能达到平衡的状态。生理学研究表明，人体的各个组织器官和系统之间都是相互合作、相互约束的关系，以使人的整体状态保持平衡，来更好地维持人的正常外在活动。当外在因素使人体内部机能失衡时，体内的各个功能又会相对地进行自我调整，来重新适应环境的变化，保证人体在环境中的正常活动。在体育教学中，学生通过体育运动进行身体锻炼时，身体的各项机能对运动内容的适应一般会经历以下几个阶段。

①刺激阶段：身体的感官、触觉等各方面都会接收到运动的刺激。

②应答反应阶段：在进行运动过程中，经过不同程度的运动负荷刺激，身体机能和运动系统达到兴奋状态。

③适应阶段：身体各项机能对运动熟悉，进入良好的工作状态。

④衰竭阶段：由于过度或不恰当的动作运动，从而使身体各项机能感到疲劳，甚至引起损伤。

学生在进行体育运动过程中，身体内部的各项生理机能会相应地产生生理或物理上的变化，这种变化在经过长时间的练习后，可以达到质的变化，身体机能会重新组织，身体素质又会有新的提高。

值得注意的是，提高学生的生理机能水平，必须考虑到学生的身体素质基础，不能一概而论，必须以科学的生理发展理论为基础，循序渐进地递增运动负荷，才能使学生机能得到良性发展。

3. 动作技能形成规律

动作技能是人体通过长时间的反复练习而形成的，也就是说，运动技能是在准确的时间和空间里正确运用肌肉的能力，具有一定的连锁性、复杂性、感受性。为了形成一定的运动技能，就必须在日常训练中以渐进、渐序的方式，将运动目标以泛化、分化、巩固、达成的过程来完成技能内化。

（五）心理学理论

心理学理论在体育教学的各个环节中都是不可缺少的，只有了解了不同阶段时期学生的不同心理特征，才能有针对性地增强学生的体能、智能、技能以及心理发展。

首先，高校大学生正处于生长发育的黄金时期，不同性别的学生，其气质、性格、能力、兴趣、价值观、需求、动机等都会有不同的特点，教学设计把握住学生的这些不同特点有利于使整个体育教学更加符合学生的身心需求，从而能够更加激发学生的主观能动性和兴趣。

其次，从心理学角度来看，学生在体育活动中的不同表现都能从心理层面上得到解释，如心理定向、运动知觉、思维、想象力、注意力、情绪、意志力、表现力、接受能力、精神等。

（1）心理定向的意思与身体的准备阶段意思基本一致，是指进行体育运动前，在心理上做出指向性的准备状态。

（2）运动知觉包含了多个身体机能感知，如皮肤触觉、身体协调度、平衡度等，它们都以高度分化的运动知觉为基础。

（3）情绪在体育运动中也有着非常重要的作用，良好的情绪能够帮助学生更好地发挥和完成运动动作，不良的情绪则会直接影响着学生的理解能力和发挥水平。

（4）意志能力很大程度上决定着学生的行动能力，意志力强的学生更能够完成难度高、负荷强的运动，能有效提高其运动水平。

（5）注意力决定着学生能否根据教师的指示完成学习任务。

以大学生的心理发展特点为导向作为高校体育教学设计，是推动和发展体育教学的重要前提和基础。

（六）传播学理论

1. 传播理论概述

这里的传播就是指知识的传播，简而言之就是信息的交流。信息能够反映出事物的不同变化和特征。传播学的创始人威尔伯·施拉姆认为信息传播主要包括四个要素——信息发送者、信号、信息通道、信息接收者，它们之间的相互关系如图5-1所示。

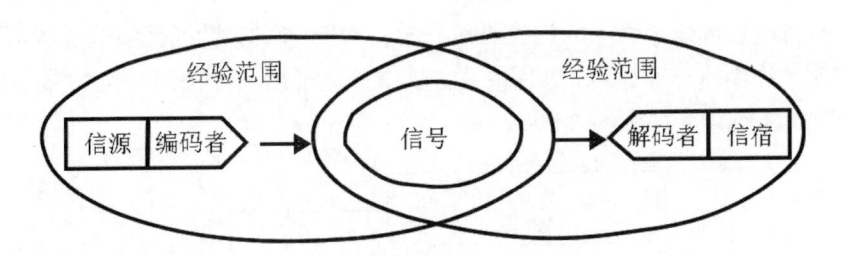

图5-1 传播学要素之间的关系

正确地理解施拉姆传播理论及其模式，应认识以下几点。

（1）在一个完整的传播模式中，有效的传播方式并不单单是指信息的发送，得到的最终信息反馈也是有效传播的保证，因为只有信息准确无误地发送出去了，才能得到最终的信息反馈。

（2）在传播过程中，信号可以以多种形式存在，不同的信号所包含的信息也有所不同。一般来说，信号具有广泛的接受度，其传播效果也较为良好。

（3）不同的传播形式会影响信息的传播效果，通常情况下，传播有四种形式，即个人间传播、小组间传播、机构间传播、大众间传播。

2. 传播理论对高校体育教学设计的指导

从传播学领域来看，体育教学活动也是一种信息传播的过程，同时，传播学的相关概念和思想观念都能对体育教学设计起到重要的引导作用,对推动现代高校体育教学的改革和创新具有重要影响。

将传播学理论要素运用在高校体育教学体系中,可以清晰地看出各个要素之间的关系,从而帮助教师更好地做出体育教学设计,如图5-2所示。

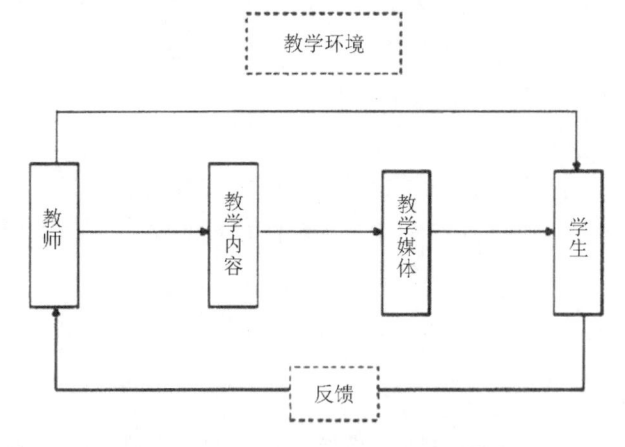

图5-2 教学系统中各个要素之间的关系

具体来说,传播理论对高校体育教学设计的指导表现在以下两个方面。

(1)高校体育教学过程的模式及各要素分析

随着广播学在各个领域不同程度的运用,不同的专家和学者都对此有着深入的研究和探讨,并将信息传播过程中的构成要素分为"5W"和"7W"的模式。"5W"由美国学者哈罗德·拉斯维尔于1948年在相关文献中首次提出,他按照一定的顺序将各个不同的要素进行了排列,如图5-3所示。

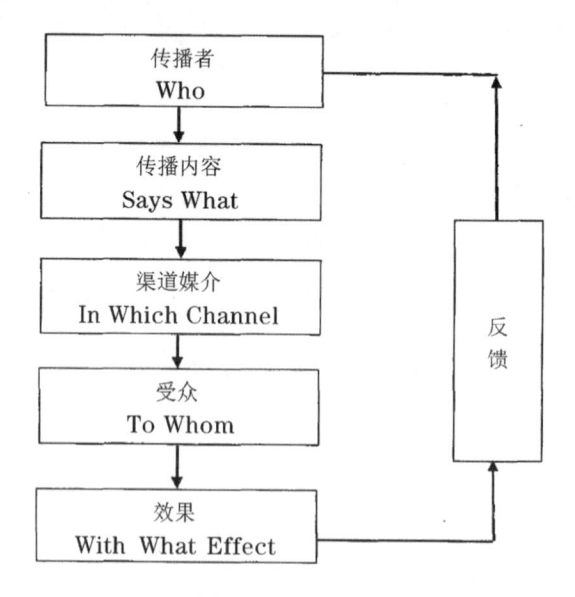

图5-3 5W模式

"5W"模式清晰地将信息传播过程的目的性行为展示出来,其五个要素是传播学中的精髓,这些精髓为体育教学设计提供了导向性的帮助,具体分析如表5-1所示。

表5-1 5W传播过程模型与高校体育教学传播过程各要素分析

5W	含义	高校体育传播过程的各要素
Who	谁	传播者(高校体育教师或其他教学信息源)
Says What	说什么	讯息(高校体育教学内容)
In Which Channel	通过什么渠道	媒体(高校体育教学媒体)
To Whom	对谁	受体(高校体育教学对象)
With What Effect	产生什么效果	效果(高校体育教学效果)

随着传播学的不断发展以及人们对之更为深入的研究,在1958年,著名学者布雷多克又提出了"7W"传播模型,他在"5W"的基础上进行了进一步的拓展,加入了"为什么"和"在什么情况下"两种要素,对于高校体育教学来说同样适用,具体如表5-2所示。

表5-2 7W传播过程模型与高校体育教学传播过程各要素分析

7W	含义	高校体育教学传播过程各要素
Who	谁	传播者(高校体育教师或其他教学信息源)
Says What	说什么	讯息(高校体育教学内容)
In Which Channel	通过什么渠道	媒体(高校体育教学媒体)
To Whom	对谁	受体(高校体育教学对象)
With What Effect	产生什么效果	效果(高校体育教学效果)
Why	为什么	目的(高校体育教学目的)
Where	在什么情况下	环境(高校体育教学环境)

将传播学中的各个要素应用到高校体育教学中,能为体育教学设计提供明确的指导,能帮助教师更好地厘清体育教学中各个元素之间的关系,为教学设计打下坚实基础,有利于将体育教学中的重要知识点、趣味点等信息以最准确、最快速、最有效的方式传播给学生。

(2)高校体育教学过程的双向性

从传播理论学中的信息传递和信息反馈可以看出,传播具有双向性特征,它是经过循环反复的传播——反馈来进行的,而传播者和受传者都是整个传播过程中的主体,如图5-4所示。

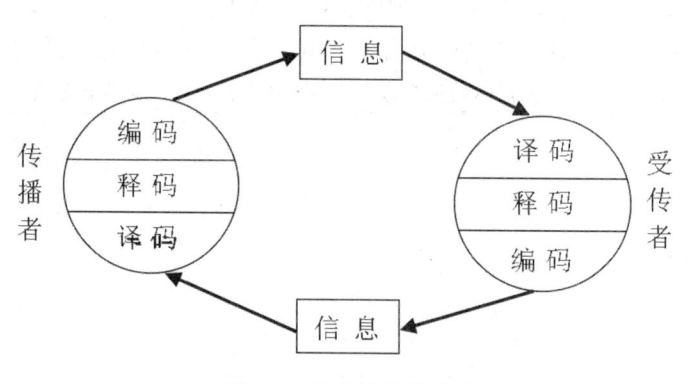

图 5-4 信息的传播过程

传播学理论所具有的双向性和互动性特征，也正是高校体育教学所具有的特征，教师为传播者，学生为受传者，相关的体育知识为信息，但信息并不仅是指教师单向地向学生传播，学生在接收到信息后，还要及时地将自我学习情况或有疑问的地方及时向老师反馈，这种反馈也是信息。只有两者之间实现双向传播，才是一个有效的传播过程。所以，在进行体育教学设计时，教师应当充分利用学生作为受传者的反馈信息，找出信息传播过程中的疑难点和不足之处，在教学设计中有效规避和调整，建立高效的体育教学过程。

3.传播过程要素构成学校体育教学设计过程

一个完整的传播过程包含了多方面因素的共同作用，如信息、受众、媒体、效果等，在高校体育教学中，把相对应的这些要素提炼出来并加以分析和研究，有利于完善高校体育教学设计。传播过程要素与高校体育教学设计要素之间的关系如表 5-3 所示。

表 5-3 传播过程要素与高校体育教学设计过程要素的对应

传播过程要素	高校体育教学设计过程要素
为了什么目的	高校体育学习需要分析
传递什么内容	高校体育学习内容分析
由谁传递	高校体育教师、教学资源的可行性
向谁传递	教学对象（学生）分析
如何传递	高校体育教学策略选择
在哪里传递	高校体育教学环境分析
传递效果如何	高校体育教学评价

从上述表格中不难看出，高校体育教学中的各个要素在传播学中都能找到相对应的位置，为了确保最终的教学成效，就要充分地考虑教学过程中各个要素之间的联系，只有对各个要素充分了解，才能做出更为科学、合理的教学设计。

第二节 高校体育教学目标与组织设计

一、高校体育教学目标的设计

从宏观层面上来讲,教学目标可以分为三个层次,即课程目标、课程教学目标、课程教育成材目标。这里所要讲的目标为课程教学目标,以课程教学目标为中心点,全面开展高校体育教学。教学目标对教学活动的开展有着重要的导向性作用,它是关于教学将使学生发生何种发展以及发展的明确表述,在教学活动中有着重要影响,具体如图5-5所示。

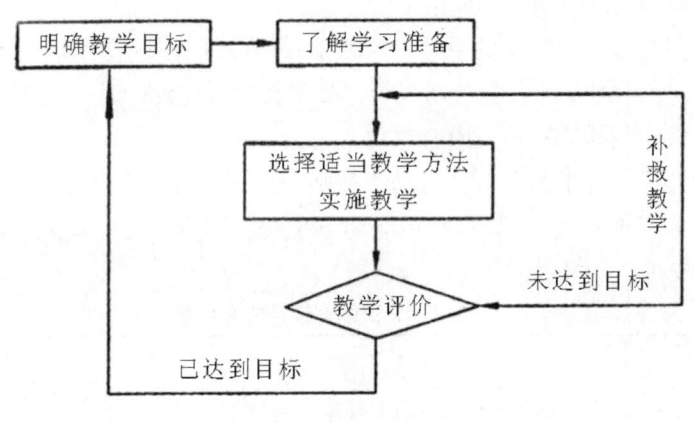

图5-5 教学目标

(一)体育教学目标设计的原则

(1)科学性原则

科学性原则,它是判断事物是否符合客观事实的标准。在体育教学的目标设计中,其中涉及的每一个环节都需要保证其科学性,这样才能从整体领域上突出体育教学的全面性。

(2)系统性原则

系统性原则就是指在进行高效体育教学设计时,所有的子系统在具有一定的独立性的基础上,相互之间不脱离整体系统的界定范围,且具有一定的联系。

(3)可测性原则

可测性原则,是指高校体育教学目标的设计应当充分满足学生身心健康发展的需求,且能从最后的教学成效中评测教学目标、教学方法、教学手段等是否合理,以便后期能够进一步调整。

(4) 发展性原则

发展性原则是指，体育教学目标的设计不能仅仅局限于某一固定时期，应该注重学生的可持续发展，充分将体育教学的发展性特点展示出来，为培养学生的"终身体育"意识做好铺垫。

(5) 灵活性原则

由于体育运动本身就具有变化性和复杂性的特点，因此，在作出高校体育教学目标设计时，就必须确保一定的灵活性原则，才能在具有变动性的教学活动中做出有弹性的应对和调控。

（二）体育教学目标设计的步骤

根据高校体育教学的基本特点以及相关的理论知识，体育教学目标的设计大致可以从三个步骤进行。

第一步：教学对象分析——学生

学生作为高校体育教学中的主体，对教学目标设计有着重要作用。学生的身心发展需求、学习态度、学习基础、学习期望等，都是教学目标设计时应该重点考虑的问题。

第二步：教学载体分析——内容

对体育内容进行详细的分析，有助于教师在进行体育教学目标设计时明确各个要素之间的关系（见表5-4），可以根据内容将学生每一堂课、每一单元、每一学期的内容做到有计划地安排。

表5-4 分析体育教学内容步骤

步骤	内容	说明
1	单元体育学习任务的选择与组织	教学准备
2	单元学校体育教学目标的确定	
3	体育教学任务分类	教学基础
4	体育教学内容的评价	
5	体育教学任务分析	教学提高
6	体育教学内容的进一步评价	

第三步：确定体育教学目标

高校体育教学目标的确定，首先要保证环节的完整性，即教学对象、教学对象的体育行为、确定行为的条件、确定行为的程度四个主要环节总体完整。其次，教学目标相互之间的关系详细、具体，并从横向、纵向两个方面将它们之间的关系清晰地展现出来，具体如图5-6所示。

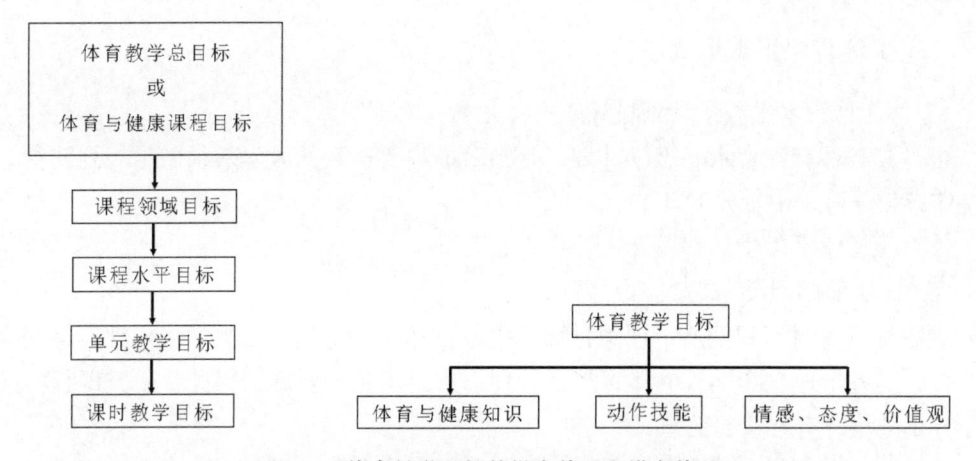

图 5-6　体育教学目标的纵向体系和横向体系

一般来说，体育教学目标包括了运动参与、运动技能、身体健康、心理健康、社会适应五个方面，对他们之间的关系进行清晰的梳理，有利于让教师在进行教学目标设计时更有把握、更有针对性，以确保体育教学目标的科学性、合理性。

二、高校体育教学组织的设计

（一）体育教学组织的概念

教学组织是指为了完成最终的教学任务，教师和学生根据一定的教学目标、教学内容、教学性质、教学任务等进行组合并展开活动的结构形式，所以，教学组织也可以称为"教学形式"。

体育教学组织是指在开展体育教学活动时，为了将最终的教学任务顺利完成，教师组织学生以不同的形式共同活动的组织形式，如个别形式、小组形式、男生和女生形式、全班形式等。

（二）体育教学组织形式设计

高校体育教学组织形式设计是为了更好地实现体育教学目标，它主要是对教学活动中的人、物、环境等方面的设计，其中，教师、学生、设施、内容、目标等因素皆在其设计范围内。

体育教学组织形式设计对体育教学活动的有效开展有着十分重要的作用，因此，在进行体育教学组织形式设计时，就务必保证其科学性和合理性，它会对最终的体育教学成效起着直接的影响。

合理有效的体育教学组织有着多功能的作用效果，可以推动体育教学活动的开展，有利于发挥体育教学设计的作用，提高体育教学质量，加强学生的学习成效，完成体育教学的最终目标。

(三)体育课组织形式设计

1. 体育课程水平教学计划设计

设计高校体育课程水平教学计划,是指对最终要达到的教学效果做出规划和指导,它是体育教学过程中重要的环节。

体育课程水平教学计划设计步骤具体如下。

第一步:研究体育课程的水平目标

课程标准是对课程性质、课程目标、内容目标、实施建议的教学指导性文件和说明性文件,对各个地方和学校的体育教学计划都提出了基本要求,因此,研究课程标准对教学计划的设计有着重要的意义。

第二步:分解体育课程的水平目标并仔细研究其内容

对体育课程的水平目标进行分解是指,将各个目标细节化,各个课程的目标既保持一定的先后顺序,又相互联系,形成一个实效性很强的有机统一体。

第三步:科学选择能促进体育教学目标实现的教学内容

教学内容科学性选择是指,其内容不仅要包括体育理论知识、运动的技能结构,还要包括与之相关的其他相关知识,如心理健康、意志品格等,并根据学生的个体差异性,将这些内容有比例、有选择性地进行安排。

第四步:结合本校实际,科学安排体育课程的教学时数

体育课程水平教学计划的设计还需要与实际情况结合,即具体分析、考虑本校的全年教学时数、学期教学时数以及各个章节或单元的教学内容时数等。

第五步:制订体育课程的水平教学计划

制定体育课程水平的教学计划,并保证其计划简便、实用、有效、科学等。

2. 体育课程单元教学设计

体育课程单元教学设计是课程计划设计的组成部分,是制订课程计划的重要依据,也是对整体体育教学计划的细化,是高校体育教学目标和教学内容的有机结合体。

体育课程单元教学设计步骤具体如下。

第一步:先确定高校体育课程水平计划的学习内容和总目标,再确定单元教学计划的学习目标。

第二步:以学期为单位,确定其学期课程内容,再细化到单元教学内容。

第三步:在单元教学内容确定后,将单元下的课时数、详细步骤、具体内容作出细致划分。

第四步:为了促进学生的全面发展,在体育课程单元教学计划中可以添加一些辅助性的教学内容。

第五步:设计体育课程单元教学计划。

3. 体育课程课时教学计划设计

课时教学计划设计是指对体育活动时间的安排,既要对全年的体育课时进行统括,

又要对每个学期、每个星期的体育课时进行细致的体育活动安排,从面到点,从整体到局部,确保教学任务细致到每一节课时,使教学成效获得最佳的效果。

4. 体育课堂常规设计

课堂常规就是指每个学生在教学活动中,必须遵守的最为基本的日常课堂行为准则。科学合理的体育课堂常规的设计,有利于在课堂上建立良好的教学秩序,有助于提高学生的规则感、秩序感,同时对教师也起到一定的约束作用。总的来说,课堂常规设计应当注意以下两点。

(1)课堂常规的设计并不是说是越严格越好、越严谨越好,而是需要根据相应的课堂任务和教学目标灵活制定。

(2)课堂常规的设计是对学生的一种要求,所以在设计时,需要以培养学生的自我管理为主要目标。

5. 体育教学场地与器材设计

体育教学场地是体育教学活动进行的重要环境,器材是体育教学活动中所需要用到的重要工具。在对该项内容进行设计时需要遵循经济、实用、高效的原则,具体要求如下。

(1)教学场地和器材为实现教学目标进行灵活的调整,成为教学活动最大的物质支持。

(2)教学场地和器材要有利于教师的指导、管理、调整,适合学生的身心发展需求。

(3)教学器材要具有一定的安全性,并能够充分引起学生的积极性和主动性。

(4)对整个课程的教学活动要有一个宏观的预测,以便对各种突发情况有良好的应对措施。

第三节　高校体育教学策略设计构想

一、体育教学策略概述

(一)体育教学策略的概念

教学策略是指教师在进行教学过程中的教学思想、方法模式、技术手段等,它既包括对教学过程的合理组织,又包括对教学材料的选择和对教学程序的制定。

在体育教学中,体育教学策略是取得最终教学成效的关键所在,它主要解决教师"如何教"和学生"如何学"的问题。

(二)体育教学策略的特点

(1)指向性

高校体育教学策略是根据教学目标、教学内容、教学任务为解决实际教学中所出现的各种问题而设计的,为教学活动而服务,因此,教学策略不是在主观意识上的随意选择,而是指向一定的目标,指向性是教学策略的主要特点之一。

(2)综合性

体育教学过程由多种要素相互作用共同完成,其中的任何一个要素发生变动,都会影响其他要素的进程。因此,在进行教学策略设计时,必须从宏观角度出发,综合地考虑各个要素之间的关系和作用。

(3)多样性

体育教学策略和教学问题之间的关系不是绝对的对应关系,即一个教学策略既可以解决一个教学问题,也可以解决多个教学问题,反之,多个教学策略也可能只解决一个问题,这就充分表现了教学策略的多样性特征。

(4)可调控性

体育教学策略的可调控性主要表现在,它可以根据教学活动的不同安排,选择适当的策略去分析问题、解决问题,并根据反馈的信息及时调整整个教学进程的步骤。

(5)可操作性

体育教学策略的设计是根据体育教学目标而制定的,因此,每一个策略都具有一定的对应性,为了保证教师能够有效地实施以及便于学生理解和掌握,就必须要求所制定的教学策略具有较强的可操作性,若不保证其可操作性,所制定出的教学策略则毫无意义。

二、高校体育教学策略设计构想及实施

(一)体育教学策略设计的依据

1. 教学目标

教学策略是为教学活动而服务的,教学目标作为整个教学活动的出发点,也是教学策略设计的主要依据。

2. 学习和教学理论

理论知识是进行教学策略设计时的重要基础,是确保教学策略的科学性和合理性的前提条件。

3. 教学内容

教学内容是教师与学生之间互动交流的主要信息,它不仅服务于教学目标,更是教学策略表现方式的依据。

4. 教师能力

教师是课堂教学的导向者和执行者，所以，教师的素质基础和能力水平的高低决定着教学策略的设计。若教学策略制定的水平较低，则不利于教师的能力水平发挥，若制定的水平过高，教师将无法驾驭，所制定出的策略也是无效的，因此，高校体育教学策略的设计需要充分考虑教师的能力水平。

5. 学生特点

与教师的能力水平一样，学生个体之间也有着明显的差异，所以教学策略在设计时应当充分考虑学生的差异性特点，仔细分析各学生的能力水平、学习兴趣等，使最终制定出的教学策略能够有效地作用于全部学生。

6. 教学条件

教学条件与教学活动的展开是不可分割的，但由于教学条件对教学活动具有一定的约束性，所以在进行教学策略设计时，要充分考虑环境、场所、器材等客观条件。

（二）体育教学策略设计的原则

1. 指导性原则

高校体育教学策略设计的指导性原则主要体现在，对学生在学习过程中所面临的问题能够给予一定的指导和提示，有利于提升学生的自主思考和解决问题的能力，避免学生过分依赖老师。与此同时，体育教学目标应在教学策略上得到充分体现，使学生在学习时有明确的方向性。

2. 科学性原则

保证教学策略的科学性原则，可以使教学策略的逻辑更加清晰明了、层次分明、内容完整，能与学生的学习程序和教师的教学步骤有效地结合起来。

3. 发展性原则

发展性原则是指，设计出的教学策略能够帮助学生实现体育的可持续性发展，使学生在学习的过程中，在获得知识的同时，为终身体育奠定基础。所以，高校体育教学策略的设计应当着重激发学生对体育运动的兴趣，提高学生的主动性和积极性。

4. 以人为本

以人为本是指要充分尊重学生的主体地位，考虑学生的个体差异性，满足学生身心发展需求。另外，使学生的个性得以展现，自我价值有所发挥，也是以人为本的特点之一。

（三）体育教学策略设计的步骤

第一步：确定体育教学顺序

体育教学顺序是指，根据体育教学目标，有层次、有顺序地开展教学活动，主要强调教学目标的完成顺序、教学内容呈现的顺序、学生活动的顺序等。

第二步：设计具体的教学形式

按照组织结构进行划分，教学组织形式可以以多种形式体现，比如全班的、小组的、个别的，还可以分为教师直接教授的、教师间接教授的等。我国当前较为常用的教学组织形式为全班、小组、个别、复合式这四种。有效的教学组织形式有助于提高学生的学习能力、激发学习潜能、发展学生个性、培养学生学习情感等。

第三步：选择体育教学方法

教学方法是教师和学生为了共同实现教学目标和教学任务，在学习过程中所运用的方式和手段。合适的教学方法有利于加强学生对学习的内容理解程度和掌握程度，使教师的教学效果事半功倍。在高校体育教学中，教师选择合适的教学方法应当以教学目标、教学任务为基础，充分考虑学生的基础水平和接受能力，以及教师自身的综合能力。常见的体育教学方法及内容如表5-5所示。

表5-5 常见体育教学方法及内容

体育教学方法	内容
以语言传递信息为主的体育教学方法	讲解法、问答法和讨论法等
以直接感知为主的体育教学方法	动作示范法、演示法、保护法与帮助法、视听引导法
以身体练习为主的体育教学方法	分解法、完整练习法、领会教学法和循环练习法
以探究活动为主的体育教学方法	发现法和小群体教学法
以情境和竞赛为主的体育教学方法	运动游戏法、运动竞赛法和情境教学法

第四节 高校体育教学设计的发展

一、高校体育教学设计研究现状

通过相关的数据统计和分析可以发现，我国对于高校体育教学设计的相关文献数量虽然较多，但从内容上来说都具有一定的局限性，且都是停留在零散、经验式的总结上，并没有从局部上升到整体，也没有从微观上升到宏观。可以说，我国的高校体育教学设计理论并未构建成一个完整的体系。之所以出现这种情况的原因在于，我国的体育教育工作者在进行高校体育教学研究时，并未从教学设计的角度去分析、探索问题，对体育教学设计也没有足够的认知和意识。教师在进行教学时也多是以自身的经验为基础，而欠缺理论知识的支撑。

二、高校体育教学设计的改革发展

（一）重视"以人为本"和"终身体育"

随着我国社会的不断进步以及对体育教育的逐渐重视，使得"以人为本"和"终身体育"的思想核心成为高校体育教学的主要指导方向。从我国的教育方针可以发现，国家对学生的教育更为强调素质教育，所以在开展体育教学活动时，为了培养学生的综合素质，一切教学活动的安排和设计均以学生为中心展开，重视人文主义与体育教学的关联关系，使体育教学不再只是简单的身体锻炼和技能技巧的练习，而是成为培养人的良好学习习惯和健康、健全的人格为主的重要的教育行为。

"终身体育"是指一个人能够终身接受体育教育或不断进行体育锻炼。高校体育教学以此为基础展开教学时，都会着重培养学生的终身体育意识，使学生明白体育在自己未来人生中的重要性，注重培养和使学生能够在不同的年龄阶段、环境范围选择适合自己的运动项目进行体育锻炼。以终身体育作为高校体育教学设计，能够全面地促进学生身心健康发展。

（二）重视跨学科研究和跨领域的应用

从现有的相关文献中来看，虽然我国体育教学设计还未形成一个完整的体系，但是我国教育工作者对体育教学设计的研究已经开始逐渐增多，逐渐发展成为一个强大的知识共体。

就现阶段而言，我国高校体育教学设计应当对理论基础给予重视，并在原有的学习理论基础上，对基础问题、基础项目多加探讨和分析，以学生的学习需求为中心展开教学设计活动。

教学设计具有多样性特征，它能够根据不同的学习环境设计出有效的学习方案，因此，教学设计并不只局限于体育教学中，它具有更为广阔的空间。可以说，体育教学设计不仅是面对体育专业的学生，也可以面向全体普通高校的学生，不仅是面对学生，也是面对教师，这种跨领域的教学设计成为推动体育教学的重要力量。

（三）重视多因素影响下学习环境的建构

学习环境是体育教学活动开展、学习者学习的外部条件。从微观角度上看，学习环境包括了有形的学习环境和无形的学习环境，有形的学习环境是指体育教学场地、体育教材器材设备等，无形的学习环境则是指校园体育文化氛围和相关的体育教学软实力等。在为学生构建学习环境时，应当将与学生相关的多重因素渗入学习环境中来，使学生从环境中也能够得到学习的条件。

（四）重视现代体育信息教学技术的应用

社会飞速发展，新型技术和科学信息不断涌入人们生活和学习的各个领域。为了跟上时代的发展，体育教育工作者应当及时抓住这些有效信息，将新型的现代化技术运用到体育教学中来，为高校体育教学注入新的活力。另外，新型的教学设备能够吸引学生的注意力，学生在学习过程中所面临的各种问题，都可以通过新型的多媒体方式呈现，使体育教学更加生动，教学质量得到提高。

（五）重视评估理念和评估方法的创新

评估理念和评估方法对于体育教学来说意义重大，在当前教学过程中，将评估理念和评估方法进行有效的创新，有利于推动高校体育教学的快速发展。我们具体主要从对理论知识的认知、对实践的反馈、对知识的整合和迁移等方面进行完善和创新，使评估工作贯彻落实科学发展观，有效提高体育教学质量。

第六章　高校体育教育户外拓展研究

高校体育教学改革创新应打破传统教学思路,开辟校园围墙外的体育教学"课堂"。可以通过教学的户外拓展实践引导学生参与知识体验,深入了解知识,促进对体育知识技能的科学吸收。

第一节　高校户外运动课程开设与教学

一、高校户外运动概述

(一)户外运动起源及发展

1. 户外运动起源

户外运动最早可以追溯到18世纪的欧洲。根据相关资料记载,法国著名科学家德·索修尔为了在险峻的高山中寻找珍稀的植物资源,便希望有人能登上法国最高的山勃朗峰,探寻珍稀植物的存在。随即,德·索修尔便在山脚下贴出了一张告示:"凡是能够登上勃朗峰或是能够提供攀登路线的,将以重金奖赏。"这张告示在贴出后无人问津,而当它被揭下来时已经过了26年之久,是由当时一位名叫巴卡罗的医生揭下的。索修尔当下便与巴卡罗为攀登做出一系列准备,期间,一位采掘工人也加入其中。他们于1786年8月6日首次登上了勃朗峰。第二年,索修尔再次组建了一支20人的攀登队伍,正式揭开了现代登山运动的序幕。

另有一些起源说法认为,在18世纪,传教士为了传教不得已需要穿越高山,从此拉开了户外运动序幕。成功的资本家为了追求另一种休闲方式,选择了登山这一刺激的项目,以获得另一种成功感和征服感,由此户外运动流行开来。

2. 早期

户外运动在早期并不能称得上是一种运动项目,因为当时人们在户外进行一系列活动只是迫于生存,需要在户外采药、狩猎等。在第二次世界大战中,参战方英国为了加强军队的作战能力，开始利用户外所具有的自然屏障和绳网进行障碍训练，以加强军队在野外的团队合作能力和野外生存能力及战斗力，这是人类历史上首次有目的性、有系统地运用户外活动。

3. "二战"后

第二次世界大战结束之后，战争开始逐渐远离人们的生活，户外活动也不再只用于军队训练和野外求生，而是慢慢地成了人们休闲娱乐的一种方式。1989年，新西兰首次以户外越野探险为主题举办了挑战赛，自此，全世界范围内的各种户外主题活动开始相继展开，尤其是以欧洲为首各个国家每年都会举办与户外运动有关的各种大型挑战赛。

4. 我国的户外运动

我国的户外运动兴起于20世纪50年代，当时新中国刚刚成立，经济、文化、体育等各个领域都急需证明自己的力量，其中，体育领域中，登山就成为重点发展项目之一。

当时，中国第一批职业登山运动员首次登上3767米的秦岭太白山主峰。随即，中国职业登山队又相继登上了7546米的慕士塔格山、7530米的公格尔九别峰、7556米的贡嘎顶峰。1960年5月25日，中国登山队的王富洲、屈银华、贡布三人登上了世界第一高峰珠穆朗玛峰，并在峰顶插上了中国的国旗，这在中国当时特殊的政治环境和国情下几乎是无法完成的。在登上珠穆朗玛峰之时，我国的登山队成立时间仅仅只有4年，但是中国登山队却代表国家实力，克服了各种困难，将这项成就永远载入了登山探险的里程碑。作为户外运动之乡的英国，其登山领域更是对中国的这一创举做出了这样的评论："他们登上了过去被认为是做不到的（珠峰）北坡。"

5. 我国现代户外运动

1979年，中共十一届三中全会制定改革开放总方针后，中国现代登山运动发生了历史性的转折。中国与各国登山界进一步建立起密切联系，并广泛开展各种交流活动。由此，中国境内的山峰走向开放形式，由于我国境内的高山资源极为丰富，世界各国国家都争先提出进入中国境内登山的要求。到改革开放前，美国提出过7次，奥地利提出过11次，日本提出过40多次。到了1979年，根据国家体委的报告和中央政府批准，中国境内的8座山峰对外开放。从1981年起，来自欧洲和日本、北美诸国的登山界人士与旅游者逐年增多，到1985年中国共接待了来自15个国家和地区的120个团、队，人数达1250人次。1984年初，中日联合攀登阿尼玛卿二峰，1988年中国、日本和尼泊尔三国双跨珠峰，1990年中国、美国和苏联联合攀登珠峰。由此，我国的山峰开放推动了户外运动的民间化发展。

从1999年开始，我国的户外运动又逐渐趋向于商业性质，各种户外探险公司、户外运动俱乐部陆续成立。根据国家体育局统计，近年来，我国与户外运动有关的体育用品商店在2007年就已经达到了1500家，一直到现在仍在增长。

6.我国户外运动的优势

户外运动是在户外的自然环境中进行的运动项目,而我国地大物博、地域广袤,在自然资源方面拥有许多得天独厚的先天优势。

(1)陆地资源

我国山地多,林地、草地等资源丰富,利用这些自然资源可以广泛开展攀登、越野、徒行等户外运动项目。

(2)河流资源

我国河网稠密,湖泊众多,在开展冲浪、漂流、滑水等户外运动时也极具优势。

(3)草地资源

我国的草地资源面积居世界第二,对野外露营等户外活动的开展极为有利。

(二)户外运动的类型及项目

1.户外运动的主要类型

户外运动类型种类繁多,主要可以分为以下几种,具体如表6-1所示。

表6-1 户外运动的主要种类

攀岩	有自然场地攀岩和人工场地攀岩两种
攀冰	即攀登雪山、高山等,分为自然冰、冰瀑、冰挂
速降	攀登上天然陡峭的悬崖之后,利用绳索从顶端急速下降到地面
野营	在野外的自然环境中利用现有的自然资源进行露营、野炊、扎营
定向越野	指定一个地点,然后在野外利用指南针或地图以不同形式去完成一段路程,类似于"寻宝"游戏
轮滑	又分为双排轮滑、单排轮滑,靠鞋底的轮子和自身力量进行滑行
探险	具有一定的刺激性和挑战性,一般由多人结伴在深山野外进行
徒步	有目的性地在郊区或山野间进行长距离的步行活动
登山	徒手或利用专业的工具从低海拔向高海拔进行攀登的过程
潜水	泛指所有水下活动的主要内容
冲浪	是以海浪为动力推动冲浪板滑动的极限运动
溯溪	在峡谷溪流的上下游之间,克服地形上的各处障碍,穷水之源而登山之巅的一项探险运动
钓鱼	是利用不同工具捕捉鱼类的一种户外活动
小轮车	即自行越野车,与自行车外形类似,但轮胎比较粗

2.户外运动的项目

户外运动项目多种多样,具体如表6-2所示。户外运动在很大程度上都是对自我的一种挑战,它表现了人类在大自然中生存力和适应力。

表 6-2　户外运动的具体项目

水面运动及航海类	潜水	游泳、跳水、水球、漂流等
	航海	帆船、游艇、摩托艇、水上摩托等
陆地运动及单车运动	徒步	跑步、暴走、定向越野等
	单车	公路车长跑、山地车越野、山地速降等
山地运动及地下活动	登山	山地越野、登山等
	速降	滑雪、滑草、岩降、滑降等
	攀爬	攀岩、攀石等
	探洞	天然洞穴、人工洞穴、水下溶洞等
野外活动	野营露宿	采集滑草、拓展训练等
	钓鱼	塘钓、海钓等
		野外探察、地质考察、古迹考察、采集矿石、采访奇闻等
机动车船及航空运动	摩托	山地越野、公路竞赛等
	汽车	赛车、越野、探险等
	滑行	滑雪、滑冰、旱冰、滑板、蹦极、岩跳等
	航空运动	滑翔伞、动力伞、滑翔机、超轻型飞机等
娱乐休闲及军体运动	球类	足球、篮球、排球、羽毛球、网球、橄榄球等
	骑行	自行车、小轮车、骑马等
	射击	气枪、打猎、射箭等
	娱乐	斗草、打弹子、刷陀螺、斗鸡等

（三）户外运动的特性及意义

1. 户外运动的特性

（1）自然性

自然性是户外运动最为主要的特性，户外运动所有的项目都需要建立在自然的环境中。同时，也正是由于其自然性这一特性，人们在户外进行运动时，可以使身心脱离城市的喧嚣，回归自然、返璞归真，能够享受大自然给内心带来的宁静感和安定感。

（2）开放性

开放性是指自然界中的天气、地形、地貌等都是向人类开放的，能够激发人们的探索欲，人们在进行户外探险时能够展现自身素质水平，使身体、心理、意志等得到极大的挑战训练。

（3）危险性

正是由于户外运动开放性的特点，其危险性也是必然存在的。大自然环境复杂且变幻无常，各种危险和灾难都隐藏其中。在开展户外运动之前，必须做好各方面的准备工作与应急工作，提高安全意识，将危险系数降到最低。

（4）团体性

在户外运动的多种项目中，很大一部分运动项目都需要由多人结队组织进行，这不仅仅是出于安全性的考虑，也是人类作为群居动物的本能选择。在户外面对不同的困境和挑战时，团体智慧和能力的集合有利于使人们在大自然中更好地生存。

（5）大众性

除一些危险系数较高的户外运动项目外，绝大多数户外运动项目对人们来说都是比较适宜的，如垂吊、野营露宿等现已成为当今社会人们放松自己的一种休闲方式。

（6）科学性

科学性是指，对于一些高难度、高危险的户外运动项目来说，要想顺利展开活动，参与者必须从身体、心理、装备等多个方面做到专业的了解和准备，而非简单地准备就可"轻装上阵"。

（7）启迪性

户外运动的启迪性就在于，户外运动可以启迪人们更加热爱生活、珍惜生命、吃苦耐劳、环境保护、团队协作，使人的身体到心理以及到思想都有质的转变和提升。

（8）综合性

户外运动参与者的知识认知水平集生理、生物、医学、天文、人文、历史、环境、心理等多方面为一体。

2. 户外运动的价值分析

户外运动的价值主要体现在身体和心理两个方面，其中在身体方面的价值尤为显著。

（1）对神经系统的影响：通过中枢神经系统和周围神经系统的调节，人的生理机能能够得到很大的改善。

（2）对心血管系统的影响：使心肌发达，心脏收缩有力，增强心肺功能。

（3）对消化系统的影响：加强膈肌和腹肌的力量，促进肠胃蠕动，利于消化吸收，降低肌肉中的胆固醇。

（4）对内分泌、免疫功能的影响：当肌体受到一定的刺激后，身体会发生非特异性适应反应，提高免疫功能，保持旺盛的生命力。

（5）对新陈代谢的影响：人体在运动过程中，其血液循环会加快，热量、汗液的排出都需要能量，以此加快身体的新陈代谢。

（6）对呼吸系统的影响：户外运动可以使呼吸器官的构造和机能都能得到改善。

（7）对运动系统的影响：人体在户外运动过程中，其骨骼、肌肉、内脏等器官都会不断地生长，变得更为强壮。

在心理健康方面，户外运动可以使人能够暂时脱离生活中的烦恼和压力，重回大自然的怀抱，有效地调节自身的情绪，减少心理上的各种浮躁、不安、紧张、抑郁情绪，促进心理健康，消除负面情绪。同时，人们在户外运动中需要克服各种自然困难，因此自身的意志品格和吃苦耐劳的精神也能得到培养。

3. 意义

（1）随着社会经济的不断发展，人们的生活质量显著提高，各种"现代病""富贵病"也陆续出现，户外运动便成为人们改善自身健康状况的一种重要选择。

（2）对于很多人来说，现代都市生活节奏快、压力大，不管是在身体还是心理上都会有一定的疲惫感，而户外运动让人们远离城市，成为自我心理调节最好的方式。

（3）由于户外活动具有团体性特征，所以参与户外运动的过程中可以拓展自己的人际关系，同时提升自己的团队合作能力。

（4）户外运动种类多种多样，男女老少均能从中找到适合自己的项目，极大地提高了人们的参与积极性。

（5）户外运动可以激发人们的挑战意识，以及磨练人们意志力，同时还丰富了人们的人生经验。

二、高校户外运动课程开设与教学

（一）高校户外运动开设的必要性

1. 符合高校体育课程改革的需要和发展趋势

我国高校的运动场地及相关的运动器材和设施都普遍存在不足的问题，这就导致高校体育课程无法顺利安排。此外，近年来，虽然我国不断推进体育教学改革和创新，但从实质性来看并没有得到较大的突破和转变，几乎还是在延续以往的体育教学模式，也无法从竞技体育教学中脱离出来。在这种现实情况下，若将户外运动纳入高校体育教程中，将传统的体育教学课堂迁入大自然中，将能使传统教学课堂封闭、单一的情形得到很大改善。因此，高校户外运动课程的开展是符合高校体育教学改革需求的。

此外，高校户外运动课程的开展还符合高校体育课程改革的发展趋势。这主要体现在，户外运动课程是一种教师与学生之间的双向活动，可以充分体现学生的主体地位，同时又能调动学生的主观能动性，使学生的学习兴趣和积极性被激发。

2. 高校实施素质教育的重要手段

高校实施素质教育就是为了能够培养出更多优质型人才，所谓优质型人才就是指具有优秀的专业知识，同时在思想、心理、道德、意志品格等方面表现出色的人才。而通过相关研究证明表现，户外体育运动在培养学生综合素质方面具有良好的效果。

首先，户外运动能够帮助学生加强身体锻炼和体能素质，是最为直观的表现。身体是从事一切活动的基础，有良好的身体基础才能顺利地开展其他活动事项。其次，户外运动可以让学生从平时繁重的学业中暂时抽离出来，使大脑和心理上都能获得一定的轻松，有效排解学生的不良情绪。最后，高校学生开展户外体育活动多是以集体为单位，所以有效促进了学生人际关系的发展，让学生学会在团体中如何与他人更好地相处，和其他同学共同开展良好的集体生活。因此，可以看出，高校体育课程开设户外体育运动不仅可以弥补和完善体育教学的不足，还契合了新时代学生心理、人际、思想等多方面的素质教育要求。

3.符合现代高校体育教学理念

现代高校体育教学理念是向学生传授体育知识、技术与技能，有效地发展学生身体素质，增强学生体质，培养学生道德意志品质。高校体育课程开设户外运动可以使其现代化体育教学理念得到深化和贯彻。

（1）人文性原则

户外运动在使学生的身体素质得到锻炼的同时，对其心理、思想、意志等方面也能起到培养作用，使学生首先基于"人"得到发展，其次在"学生"上实现认知和发展。

（2）主体性和选择性原则

户外运动课程之所以能够纳入高校体育课堂中，与户外体育运动的基础性是分不开的。户外体育运动极大地符合了学生的兴趣爱好和身心发展等需求，同时扩大了体育教学的选择性。

（3）开放性原则

户外运动课程的开设可以让体育教学课程从传统的环境中转移出来，拓展体育教学空间，让学生能够在大自然中释放自己的天性，教师也能在其中创新自己的教学策略和方式。

（二）高校户外运动课程教学的理论研究

高校体育课程引进户外运动可以提高学生各方面的认知水平和素质，如心理学、生物学、健康学、社会学、教育学等知识学习。当然，这并不意味着户外体育教学需要将这些内容全部作为重点来教学，它与其他学科一样都具有一定侧重点的差异。因此，高校户外运动课程在开展教学前，还需要对其理论知识进行一系列的研究，对其中的基本信息进行梳理，然后分析概括，使各个高校可以根据自身学校现有的环境和器材设施，以及学生身心发展的特点来具体选择适应本校的户外运动项目。

1.户外运动课程教学的教育学基础

户外运动课程教学的教育学基础为"健康教育"和"素质教育"。户外运动课程教学的理论研究应以这两方面为基础具体展开。在高校户外运动课程教学中，教育学所产生的影响和意义是最为核心的，它可以为教学理念的形成提供一定的依据。

2.户外运动课程教学的心理学基础

户外运动课程的教学无论是从教学目标、教学设计、教学任务，还是教学结果来看，都对学生的心理教育有明确的指向，这也体现出了户外运动课程教学心理学理论的重要性。

（1）归因理论

归因理论是心理学理论的重要组成部分，它主要是指观察者为了预测和评价被观察者的行为，对环境加以控制以及对行为加以激励，从而对被观察者的行为作出解释和推论。如心理活动的归因、行为归因、对个体未来行为的推断等。在户外运动课程教学中，教师就可以根据这一心理学理论对学生的一系列行为作出观察，从而得出有利数据，推动户外运动教学。

（2）态度理论

态度理论是指态度的形成，是人们对特定对象的认知、评价和判断过程中所产生的心理倾向。其中，认知是基础，因为认知会对人们后面的一系列行为产生影响，这也是在户外运动体育教学中的关键。

（3）目标设定理论

目标设定理论认为，目标具有一定的激励性作用，它可以将人的需求转变为动机，使人朝着目标而做出努力，并把自己的行为结果与设定的目标进行比照，从而在努力的过程中不断调整和完善自身，最后达成目标。在高校户外运动课程教学中，教师可以根据学生的心理需求和兴趣特点，为学生设定出合理的目标，培养学生的自信心和抗挫折心理。

（4）社会学习理论

社会学习理论是一种在"刺激—反应"学习原理及认识学习论基础上发展起来的理论，主要是阐述人是怎样在社会环境中学习的。在高校户外运动课程教学中，社会学习理论注重学生的观察学习和自我调节，强调人的行为和环境的相互作用。

3.户外运动课程教学的管理学基础

管理学是研究在现有的环境和条件下，如何科学、合理地分配人、财、物等因素，它是一门交叉性的理论研究。在高校户外运动课堂教学中，如何对学生、物资等方面进行管理尤为重要，所以在对户外运动课程进行理论研究时，还需要对管理学方面的知识进行探讨。

第二节 高校户外运动的组织实施

一、户外运动的学习培训与实施准备

（一）户外运动的学习培训

1.户外运动基本知识学习

（1）户外运动是在城市之外的大自然中进行，所以，在进行户外运动前，需要对大自然的相关知识进行了解，如天气、气候、地貌等。

（2）人类的身体各项机能长期以来适应了城市中的各种节奏和环境，因此，为了避免在大自然中身体机能产生不良反应，应对自己的基本健康状况做到初步了解，以免出现不适。

（3）户外运动情况多变，所以可能需要运用到多方面的知识，在了解完天气、地貌等方面的知识后，还可以多加储备其他类型的知识，如医学、人文、社会、历史等，以备不时之需。

（4）在户外运动课程开展前，还需要对此次活动内容的主题进行了解，并学习基本的生存常识。

2. 户外运动基本素质训练

在活动开展之前，可以针对户外活动的主题，进行一系列的基本素质训练，以将身体的速度、灵敏度、柔韧性、耐力、力量等调整到一个最佳状态，使自己能够更好地适应户外复杂的环境和艰苦的条件。值得注意的是，在进行基本素质训练时，一定要适量、适当，不要让身体过度疲劳。

3. 户外运动基本技能的训练

户外运动基本技能训练是指要做出一些具体的、有针对性的技能训练，如攀登技术、滑雪技术、渡河技术训练；与生活有关的生火技术、捕猎技术训练；与医疗救急有关的伤口处理、心肺复苏、简单包扎等技术训练。为了获得更好的学习效果，这些训练还可以通过现场模拟的形式进行学习。

（二）户外运动准备工作

1. 身心准备

大学生精力充沛，对未知事物充满好奇且富有冒险精神，因而对户外运动往往也表现出极大的兴趣和热情。在开展户外运动前需要在各个方面做好充分的准备。

（1）身体准备

身体是开展户外运动的基础，具体要表现在具有良好的耐力、敏捷、平衡力、灵活力，肌肉有力，肺活量大，面对突发情况时，大脑能保持清醒，能迅速做出应对反应等。具体来说，在开展户外运动之前可以从以下几方面提高身体素质。

第一，在户外运动开展前制订一个循序渐进的身体素质提升计划，将每个目标逐步完成；第二，以时间为基础，将指标计划细化到每周的次数，每周不少于3次身体锻炼；第三，计划一旦制订不能半途而废，要保持其连贯性，保持锻炼习惯；第四，锻炼方法不可以妄自揣测，应科学合理，其内容也必须要适合自己的身体发展，如果有疑虑的地方一定要寻求教师的帮助。

除此之外，在锻炼方式上还可以采用以下几种方式进行。

有氧锻炼：骑自行车、跳绳、游泳、滑冰等。

无氧锻炼：短跑、举重、跳远、俯卧撑、潜水、投掷等。

静力锻炼：半蹲、小半蹲等。

灵活性锻炼：腕力球、颈椎操。

此外，为了确保身体健康，可以提前对身体做一个全面检查，以便在户外活动中有效应对和避免身体疾病和损伤问题。体检的项目内容可以是过敏源、生病史、心电图、呼吸系统等。

（2）心理准备

心理素质是综合素质中的重要组成部分，当身体有了充分的准备后，在心理上也要做出相应的准备，这样才能在户外运动中有良好的适应力和表现力。在户外时很有可能会突发很多意外状况，良好的心理素质能够使学生冷静应对问题，及时克制不良情绪，并迅速做出相应的处理方法，这在户外运动中是非常重要的。良好的心理素质有利于使人正确应对户外中的一些常见的基本问题。

第一，疼痛问题。户外杂草丛生，道路崎岖，所以身体常常会出现一些擦伤或碰撞伤，相继也会产生一些身体上的疼痛感。但是若出现了明显的不适感时，可以将自己的注意力转移，专注于解决和克服各种困难。

第二，疲劳感。户外运动需要消耗大量的身体能量和精力，又由于户外生活条件有限，身体得不到充足的休息和调整，所以容易产生强烈的疲劳感。此时应该及时调节自己的情绪和心情，给自己加油打气，重新获得热情和信心。

第三，饥饿感。在户外因食物短缺而产生饥饿感时，要保持冷静，仔细观察周围的情况寻找食物来源。另外，水短缺时，需要引起重视，有医学研究证明，人体缺水的情况不能超过 7 天，因此，在有限的时间内，应冷静思考、调动智慧和经验一定要及时寻找水资源。

2. 装置准备

户外所需要的基本准备装置如表 6-3 所示。

表 6-3　户外基本装置准备

着装	夏季男生不可着短裤，女生不可着短裙；冬季着有防风性能或具有保温层的外衣。衣服选择耐磨性好、柔软性好且宽松舒适的服装。冲锋衣就是户外运动中常用的服装
鞋	选用轻便、防水、耐磨、透气性能的即可
水壶	夏季为了便捷，可以直接使用闲置的可乐瓶；冬季可以选择有保温功能的水壶。水壶容量应在 1.5 升以上。还可以选择一种多功能水壶，必要时它可以是一种简单的炊具
背包	背包可以根据自己需求选择，一般女士选择 45～55 升容量的即可，男士选择 55～80 升即可，学生选择 25～50 升即可。材质选择耐磨、防水性好的
照明手电	手电是户外运动必备的，除了能帮助我们提供照明外，有时还具有求救和搜索功能，且电池续航时间长、防水
指南针	指南针也是户外运动时的必备品，可以在特殊情况下帮助我们识别方向
瑞士军刀	又称万能刀，含有许多工具的折叠小刀，具有户外运动的一些基本使用功能
帐篷	帐篷分为很多种，具体可以根据户外运动主题进行选择，一般要选择抗风、防雨性好的。帐篷内可以选择防潮垫或气垫，以保证在户外睡眠时防寒
安全绳	由尼龙吊带制成，户外可以用于攀岩、爬绳等
药品	一般准备基本的防蚊水、创可贴、纱布、酒精等常用医药品即可

除此之外，还有手套、防寒帽、打火机、炊具、望远镜、吸管、手杖、软梯等，都是户外运动时可以携带的，具体需要根据户外运动的主题进行选择。值得注意的是，在没有经验的情况下，户外运动不可自发组织个人前行，需要由专业的人士带领。户外运动途中，对于一些突发情况，自己也要量力而行，不要做没有把握的事情，以免发生危险。

3. 做好吃苦耐劳的准备

户外各种无法预测的情况都有可能发生，其条件的艰苦很有可能超出自己的预料，各种意外的情况和问题都时刻在打击着学生的信心与热情，因此，在户外运动开展之前，学生需要充分锻炼自身的毅力与耐力，做好吃苦耐劳的准备。

4. 做好团结互助的准备

当代大学生大多是家中的独生子女，父母对子女往往是有求必应，大部分学生便形成了以自我为中心的心理，都未曾真正参与过集体生活或团体活动。因此，开展户外运动前，学生必须在心理做好要与大家一起生活、共同克服困难和障碍的准备，不以自我为中心、不盲目独行。要加强自身的责任感，和其他同学优势互补，提高团体协作能力，培养自己的团队精神。

5. 假象练习

每个人到了一个陌生的环境之后都会紧张和不安，因此，为了将这种紧张和不安的情绪降到最低，可以在户外运动开展之前在大脑或心理做出一定的假象练习，让自己提前适应。比如遭遇毒蛇咬伤后应该怎么处理，迷路了要怎么做，物资短缺怎么办等。假象练习不仅能够提高自己在真正面对同样情况时的应对能力，还有利于物资和装置的准备和完善。

二、户外组织计划的制订与安全保障

（一）户外运动组织计划的制订

1. 户外运动组织计划的内容

计划制订是户外运动顺利开展的前提，也是户外运动开展的必要环节。一般来说，户外运动组织计划制订的内容需要包括以下几方面。

（1）选择目的地，收集相关资料

①地理。户外活动都是在自然环境中进行的，选定一个适合学生的目的地尤为重要，教师应对地理位置的地形、地貌等有一定的了解。

②历史。应了解此前该目的地展开过同类型户外运动的历史。

③人文。收集当地的人文风俗，以便活动过程中因为不懂或无知而违反到当地人们的禁忌或风俗。

④习俗。了解当地的习俗有助于在活动中与当地人交流沟通，与当地人和谐友好地相处。

⑤限制。了解当地有没有特殊的规定，如能否生火，能否扎营，能够无票通行等。

（2）整理和分析

①线路选择。根据学生的体能和物资准备情况，选择一条合适的前行路线，与此同时，为了避免意外情况发生，还应当制订出一条备选的前行路线。

②难度评估。对前行路线中可能出现的难题进行评估和预测，以便学生有针对性地做出准备。

③风景指数。虽说户外运动是为了加强学生的体能锻炼，是为了高校体育教学改革创新，但在户外活动中欣赏美妙的风景也是必需的，它能更好地让大学生从中感受到大自然的美，使心情放松。

④天气预测。对计划出行的10天内天气状况进行了解，若遇到天气突变的情况可以将原定计划时间延后。

⑤交通状况。这里的交通状况包括选择出行的方式、途中就餐、休息、如厕等需要花费的时间以及避免途中发生交通堵塞的情况而选择一条合适的出行路线。

⑥完成时间。对行程完成的时间做出整体规划，对预计完成时间预留15%左右的缓冲时间。

2. 制订户外运动组织计划的基本要求

具体来说，制订户外运动组织计划需要遵循以下几点要求。

（1）要确保制订的每一个环节都切实可行，具有可操作性。

（2）途中的食宿问题做好详细的安排，并提醒学生做好相应的物资准备。

（3）对途中可能出现的问题进行预测和评估。

（4）要量力而行，在没有专业知识和专业设备支撑时，对没有把握的项目不冒险，以免发生危险。

（5）学生不能自发组织脱离队伍。

（6）计划拟定后需要得到团队所有成员的认可，并做出一份或两份备选方案。

3. 了解应急方案

即便是再完美的活动计划和事前准备，在开展户外活动的实际过程中也极有可能发生一些意外和不可预料情况，如迷路、暴雨、中暑、摔伤、暴雨、野兽袭击、交通意外等，应急方案就是为应对这些极有可能发生的突发情况做出求救和自救。首先，可以安排具有一定医疗知识的教师参与到活动中来；其次，提前告知学生家长和校方关于班级出行的目的地和预计到达的时间，增加了救援的时间和成功性。

（二）户外运动实施与安全保障

户外运动的风险都是未知的，因此，为了保证安全性，无论是教师还是学生，都需要提高对自身的责任感和要求，同时，要详细了解户外运动中运用的各种辅助工具其的性能。

1. 户外运动对教师的安全要求

（1）教师正直善良，具有强烈的责任感和使命感，具备对问题的分析能力和判断能力。

（2）开展户外运动时必须保证"领队走在队伍的最前面，收队走在队伍的最后面"。

（3）队伍经过休息规整准备再一次出发时，教师必须清点队伍人数，以免学生走失。

（4）在没有专业装备和专业技术人员指导的情况下，教师不能带头或引导学生做高危险动作和活动。

（5）出行交通工具选择遵循"火车、飞机优先，汽车次之"的原则，出行时间坚持"白天优先，夜间次之"的原则。

（6）教师必须具备基础的医疗救护知识。

（7）需要选择新的路线或开展新的活动时，教师需要量力而行，避免做出冒险性选择。

（8）制定严格的安全规定，最大限度地维护所有成员的安全。

2. 户外运动对学生的安全要求

（1）学生在参与户外运动时，根据自身身体状况选择能否参加，如有心脏病、哮喘等疾病的学生最好避开这类活动，以免途中发生意外情况。

（2）学生按照教师给出的要求，认真准备户外出行活动的用品。

（3）在户外活动中，学生不能脱离队伍，不单独、不盲目行动。

（4）和团队其他同学和谐相处，不做损害集体和团队安全的事情。

（5）服从教师的安排。

3. 户外运动的安全保障

（1）绳带保障

绳索是户外运动中必备工具，在需要探洞、过桥、下降、辅助用力、救援等情况时绳索能够发挥有利作用。户外运动中所运用到的绳索一般无弹性，当绳子有磨损、变硬、变软、变扁等情况时最好进行更换，以免使用途中发生不测。

安全带用尼龙带制成，一般用于攀爬、下降、登山、爬绳等，由双腿带和腰带组合而成。学生应根据自身体型选择安全带，并了解关于安全带的不同系法。

（2）器具保障

户外运动中广泛使用的刀具为瑞士小刀，它是一种折叠工具，其基本工具有圆珠笔、牙签、剪刀、平口刀、开罐器、螺丝刀、镊子等，使用范围极广。

户外需要挖坑、挖排水沟、铲雪时，行军锹就能发挥其独特作用，且其身形轻巧，便于携带。

在户外需要制作某一物品（木筏、搭建庇护所）时，钳子能在很多细小的结构部分中发挥大作用。

铁锁具有多种型号，又称钩环，通常用于登山活动中，可以代替绳结，具有较大的承受力，但由于是铝合金制成，所以有一定的重量，不方便携带。

（3）信号工具

信号工具能帮助我们在户外发生紧急或意外情况时及时发出求救信号。信号工具可以是专业的求救设施，如哨子、信号枪、气球等，也可以是活动过程中的一些小器具，如反光小镜子等。

第三节 徒步穿越与野外生存

一、徒步穿越概述与技能

（一）徒步穿越概述

1. 定义

徒步穿越是指在一定的区域范围内，步行穿越丛林、平原、峡谷、沙漠等地，最后到达终点的里程。徒步穿越对人们户外的综合素质要求较高，不管是体能还是心理素质、技能技巧、团队精神等方面，只有具备能力水平才能完成徒步任务。徒步穿越能够给人以一种不同的人生体验。

2. 徒步穿越的分类

徒步穿越不能借助任何交通工具，只能通过自身的装备和供给来不断前行。若按照穿越的地域特点进行分类，可以将徒步划分为山地穿越、丛林穿越、沙漠穿越、雪原穿越、冰川穿越、荒芜穿越等。在不同的地域中，徒步穿越者能感受到不同的美，如沙漠的苍凉之美，冰川的冷峻之美。

3. 注意事项

（1）团队成员需要保持目标一致，共同朝着相同的目标努力前行，途中以积极乐观的心态完成穿越。

（2）对团队中每个人的责任与义务进行分工，如不同的人各自负责做饭、扎营、探路、搜索等。

（3）合理分配自身体力，如上坡路程每30分钟休息5~10分钟，下坡每60分钟休息10~15分钟为宜。

（4）把控整段路程的均速进行，在规定时间内做规定的行程，不拖沓、不冒进、不鲁莽前行。

（5）徒行队伍不宜过长，避免发生人员走失而不能及时发现的情况。

（6）根据团队成员的体力来调整徒行计划，避免因为赶路而造成人员体力透支的情况。

（7）途中若有成员发生病痛或受伤的情况，及时调整徒行计划。

（二）徒步穿越的技能

徒步穿越中会遇到各种自然挑战，如跨河渡江、攀岩、登山、野外生存等，对人们综合技能的要求较高。

1. 在徒步行走中保持正确的姿势，控制好行走速度

徒步穿越完全依靠双腿活动，但又不仅仅是依靠双腿，还需要身体其他部位做出协同反应，所以也是一种全身运动。在徒步穿越的开始阶段，可以适当地放慢行走节奏，给身体一个适应的过程，同时也为后面的徒行里程做好体能储备。在徒行过程中要集中精力，不与同学嬉笑打闹、不高声歌唱或喊叫，以免消耗体能。在欣赏途中美景时，要注意安全，尤其是在有上下坡的路途中，一定要保持专注力，勿因小失大。

2. 以积极主动的休息为原则

徒步穿越需要花费不少时间，因此从整体上来看，为了保证每一段路程的效率，在完成一段路途的行走之后，需要安排适当的休息时间。比如在平地行走50分钟后，可休息10分钟；在山坡行走30分钟后，可以休息10分钟。这种短时间的休息时间，以站立休息为主，不宜将背包取下，主要是为了调整自己的呼吸状态，同时缓解肢体关节的疲劳感。在60～90分钟的休息时间内，则可以将身上沉重的背包卸下来，缓慢坐下休息一会儿，但需要注意的是，休息时不要立即坐下，这样会加重心脏的负担。

3. 及时、合理地补充水分

水是人体不可缺少的组成成分，户外运动中，在水资源充足的情况下，每人每天需要保证3000毫升的饮水量，当然，每日具体的饮水量还要视不同的天气和季节而定。一般来说，饮水次数和容量宁多勿少。当自己感觉口干舌燥，或尿液呈暗黄色时，说明身体已经发出缺水信号了。

4. 不同地形的穿越原则

（1）山地穿越

户外的山地一般都会有上坡和下坡以及大路和小路，一般来说，在徒步穿越山地时，坚持有大路不走小路、走高不走低原则。在走上坡时，身体重心前倾，或是用手和脚辅助前行。当坡度小于30°时，可以以直线方向穿越；坡度大于30°时，可以采用"之"字形穿越法。当穿越途中出现草原时，尽量不要抓住草蔓或以树枝助力，以免拔断树草发生意外情况。当穿越途中遇到下雨天时，需要避开溪流、沟谷等地，防止在急端水流或淤泥沼泽地带发生危险，同时也尽量不要选择在大树下避雨，以防遭到雷击。当遇到暴风雪、强风、浓雾等天气状况时，可暂停前行，等天气好转再出发。

（2）沙漠穿越

沙漠广袤无垠，在进行沙漠穿越前，一定要制定详细的徒行路线，并在实际徒行中严格按照制定路线前行。当然，在遇到沙丘或沙山时，一定要绕行，切忌直越。在沙漠徒行要避开背风面松软的沙地，一般选择在迎风面的沙脊上行走。此外，在沙漠穿行时要坚持"夜行晓宿"的原则，因为白天太阳光直照，沙漠行走极易产生疲劳感甚至发生

脱水，当随身携带的水资源耗尽，又没有寻找到水源时，人一般只能生存1~2天，所以通常宜选择在夜间前行。

（3）丛林、灌木丛穿越

一般茂密的丛林或灌木丛中会潜伏有大量的蚊虫甚至毒蛇，所以在丛林穿越时一定着长衣长裤，并将裤腿、领口扎紧，必要时戴上口罩、手套、帽子。当遇到丛林树木过于密集而无法通行时，可以使用刀具将树木砍断，同时，当路面覆盖有大面积杂草或树叶时，一定要慢行或用手杖在路面先行试探再行走，以防林中有隐藏的陷阱，如捕兽夹等。

（4）渡河

徒步穿越会遇到河川溪流，一般在徒行的地图中就可以判断前行途中有没有较大的河流，如果可以避开则尽量选择平地绕行，实在无法避开时，在过河时一定要选择好有利的过河点。首先，可以根据周边的环境看看是否有可利用做过河的工具，或求助当地人寻求合适的工具。当没有外界工具可用，必须采用步行渡河时，则选择水流缓慢且地面较浅的位置渡河。若实在没有较低的位置或水流极为湍急，则不要毫无把握的冒险，应重新调整计划。

（5）夜行

夜行并不是指在伸手不见五指的夜间前行，而是指在月光或其他光线作用下能够看清周围环境的轮廓或边缘的情况下前行。此外，在夜行途中条件有限的情况下，可以借助自身敏锐的嗅觉和听觉来对周围情况进行判断，或使用手电照明来查看地形。

二、野外生存的技能

野外生存是指，在没有任何辅助性条件下，人们在原始的自然环境中利用各种天然资源进行生存活动。

（一）野外生存运动的起源

在第二次世界大战期间，一艘给养船在大西洋遭到德国军船的袭击，由于处于广阔的大海中，且又远离陆地，供给船没有及时获救，致使大批船员落水牺牲，而令人惊奇的是，竟然有少部分人存活了下来，他们不是身强力壮的年轻人，而是拥有丰富出海经验的年长水手。由此可得，当一个人深处绝境时，能否生存下来的关键因素并不是在于体能素质的强健，而是在于是否拥有超强的心理素质和精神状态，以及丰富的生活阅历。自此，当时军队便开始展开了对士兵的野外生存训练，除了注重加强体能素质的锻炼，更强调士兵在野外生存能力和意志的培养，以及军队士兵的团体协作能力的培养。许多处于战争绝境中的士兵拥有了超强的生存技能和希望，在战争频发年代得以幸存。

在第二次世界大战结束后，野外生存训练逐渐退化，而这种训练方法开始慢慢被应用在军队以外的领域，成为人们缓解在工业信息化社会中压抑和焦躁的情绪和心理状态的一种新方式，并慢慢形成商业化模式。通过有组织的进行野外生存活动，不仅使人们的精神和心理得到释放，同时还磨炼了人们的意志力和团队合作能力。

（二）野外生存的特点

野外生存的特点与其他常规性的体育活动项目有所不同。常规性的运动项目在既定的环境场所中就能完成，而野外生存则脱离一系列人为的环境设定，强调在没有任何通信设备以及生活工具的情况下谋生，它是对人体体能的一种考验，更是对精神意志的一种挑战。

在现代社会中，当人们厌倦了时代的工业气息和浮躁的城市氛围后，返璞归真便成了人们的一种新追求。野外生存让人们卸下城市中的身份和地位，用自己最原始的身份在大自然中寻求生存。在高校体育教学中添加野外求生这一拓展内容，可以提高学生的团队合作能力，培养学生的集体意识，让学生学习到攀、爬、跃等生存能力，以不同的方式完成体育教学的目标，同时使体育教学更富有层次和深度。

（三）做好野外生存体验的准备工作

1. 制订一个完善的计划

将野外生存活动参与的人数、每个人需要预备的物资、出行的路线、活动完成的时间、活动期间的天气气候、需要应用到的装备和工具、应急措施、备份方案等，都详细整合并制订成一个具体的计划方案，防止途中物资短缺或发生突发情况。

2. 确定活动目的及意义

出行的目的可以根据所有人的想法进行概括，如民俗走访、风情考察、景物摄影、团队拓展、体质锻炼等。同时，稳定团队每一个成员的情绪，不能因为个别成员不稳定的情绪而影响其他人的出行，甚至是干扰到整个团队的活动进程。

3. 思想准备和体力准备

野外生存必然会发生擦伤、碰撞、蚊虫叮咬等情况，所以在野外求生活动开展前需要对自己所面临到的问题有一个预知，同时还要考虑到各种困难和问题的出现，不能在实际活动中临阵脱逃或放弃，而是要和团队成员一起想办法共同渡过难关。

野外求生与日常的体育锻炼不同，野外求生连续时间长，所以也更消耗体力，对此，应加强身体基础体能素质的训练，同时加强攀、爬、投等技巧动作的训练，做好体力准备。

（四）野外生存技巧

1. 判断方向

可用指南针、地形图等物品在野外判断方向。当没有这些相关物品或物品有所损坏时，也可以利用一些自然特征来进行方向的判断。例如利用太阳判断方向，利用生物特征进行判断（例如树朝南的方向，其树叶要较为茂盛，树皮光滑，树桩上的年轮南面稀、北面密等）。在夜间若出现迷路的情况，可以根据星辰来判断方向，例如北斗七星中最明亮的一颗星为北极星，其指示方向为北方。

2. 获取食物

在野外一般是采集野生果子或捕猎小型动物以满足生存需求。我国可食的常见野生果子有山葡萄、野板栗、火把果、黑瞎子果、沙棘等；可食的常见野菜有苦菜、蒲公英、鱼腥草、马齿苋、荠菜、芦苇、青苔等；已知的可食昆虫有蚂蚁、蚯蚓、蜗牛、蚱蜢、螳螂、知了、蜻蜓等。值得注意的是，若食用野外动植物，动物、昆虫类一定要熟透，以免有寄生虫；植物类需要判定是否有毒，最简单的判定方法就是将获取的植物割开一个小口，放进一点盐，若植物发生变色，则为有毒，不能进食。

3. 获取水资源

在野外除了可以在河流、小溪处取水外，还可以利用空盒子等容器采集雨水或露水。另外还可以以动物或昆虫的踪迹来寻找水源，或在竹类等中空植物的节间处采集汁液，必要时也可以通过挖掘地面来获取水源。

4. 野外生火

野外生火可以驱赶一些危险的野兽或害虫，野外生火是一项必备的技能。野外生火首先要寻找一些枯草、干树叶、干树枝等，再用火柴或打火机取火，在没有这些便利工具的情况下，可以采取击石取火、电池生火、藤条取火等方式取火。

第四节 户外运动急救知识

一、急救前观察

在户外发生伤情时，首先要保持冷静的心态，不要慌张，不管是自己受伤还是其他成员受伤，都先要细心观察受伤情况，并充分利用身边有限的医疗资源进行急救处理。

观察伤者全身，在整体上有一个大致的了解，看有没有其他部位的伤情。观察伤痛部位，同时快速分析引起的原因、严重程度，同时注意伤者的脸色、唇色，以及呼吸状况、皮肤颜色等，确认伤者是否有内伤。随后，根据判断出的具体伤痛原因，选择相应的处理方式。需要注意的是，如果在观察或处理的过程中，伤者出现症状加剧的情况，应当与团队成员有序地分工合作，做好对伤者的脱险救援工作。

二、户外运动常见的伤痛处理

（一）扭伤

扭伤常出现在脚踝、手腕、腰部、颈部等位置，当发生扭伤后，首先应保持情绪平稳，身体不要发生二次扭动。有冰块则用冰块敷在扭伤处，不能直接将冰块敷在伤口处，需要使用毛巾或纱布隔开。没有冰块则用湿的毛巾敷在扭伤处，让毛细血管收缩，缓解扭伤的疼痛感，进行消肿。其次，扭伤后避免剧烈运动，尽量休息，以免导致伤口发炎。在冷敷 30 分钟之后，可以尝试着慢慢挪动伤者的扭伤部位，检查是否骨折。在扭伤 24 小后，伤口可以进行热敷。

（二）开放性外伤

1. 割伤

比较浅的伤口用温水或酒精、碘伏冲洗擦拭后，用创可贴贴上即可，一般短时间即可恢复。若伤口较深，应当立即压迫止血，用手按压住或用绷带布条包扎住伤口，再视情况进行后续处理。一般来说，开放性外伤不适宜涂抹软膏之类的药物，会导致伤口愈合困难。

2. 刺伤

若被木屑、针、金属片等物品刺伤，首先对伤口处进行消毒，然后仔细地将异物取出。为了避免仍有残留的异物留在皮肤内而出现伤口感染的情况，当异物取出后应对伤口处进行挤压，将一部分血液挤出来，再对伤口进行包扎。

（三）中暑

中暑也是在户外运动中常会发生的一种情况，若有成员发生中暑，就需要及时采取救急处理，否则伤者将会出现虚脱甚至死亡。

中暑常常表现为头痛、头晕、颜色发红、昏睡、步态不稳，甚至是呕吐、晕厥等。首先要将患者移至阴凉的地方，解开衣扣，保持周围环境的通风，让患者呼吸通畅，用冷水敷头部、腋窝、大腿根等部位。立即给患者补充一点凉开水或盐水。用温水擦拭患者身体四周，将皮肤擦红，一直到患者体温降至 37℃ 左右。最后，有条件可以给患者服用十滴水、藿香正气水等药品。

（四）溺水

在户外，当发现身边同伴溺水，应立即救援，进行现场复苏。首先，将溺水者口腔、鼻腔、咽喉部位的异物清理干净，保证溺水者呼吸通道的顺畅。其次，采用口对口或口对鼻的方式进行人工呼吸，当出现心脏停止的现象时，可以同时进行胸外按压，试图恢复溺水者心跳，一般来说，胸外按压与人工呼吸按照 4:1 的方式进行施救。

人工呼吸和胸外按压是对溺水者最有效的施救手段，在抢救时不要轻易中断或轻易放弃，一直到溺水者将异物呕吐出来，或是已经有其他症状表明无法抢救时，则表明可以停止。

（五）冻伤

一般来说，身体的手、耳、脚等部位最容易出现冻伤，当发生冻伤后，应让冻伤部位浸泡在温水中迅速复温，不可揉捏患处，以免引起坏死，然后利用消毒工具进行消毒、包扎。

若发生全身冻伤的情况则需要引起高度重视，通常人体体温下降到 20℃时会出现昏睡的情况，这时一定不能让伤者昏睡，应想办法让伤者保持清醒和兴奋的状态，同时对伤者进行人工呼吸或心脏按摩，使身体逐渐回温。

冻伤通常以预防为主，所以，在冬季进行户外活动，或是在高山、雪山等地区进行户外活动时，学生要注重防寒、防湿、防风，将帽子、口罩、手套、围巾等物品备齐，加强身体保暖性。对于暴露的皮肤可以擦拭油膏，减少散热，防止冻伤。

（六）食物中毒

在户外运动中，可能会由于食物短缺、食用户外不明物，导致发生食物中毒。

当食用食物后明显感觉腹痛、胀气、发热、疲劳等感觉时，则很有可能出现了食物中毒的情况。对此，首先应进行催吐，用手指抠喉咙，让胃里面的东西呕吐出来，或是灌服食用油催吐、吸收肠胃内的毒素。在野外条件简陋的情况下，还可以利用黄泥调和浓汤进行灌服，也能起到吸附毒素的作用等。在催吐过程中，尽量侧坐，不要平躺，以免发生呕吐而使异物堵塞呼吸道，引发窒息。

（七）蛇虫咬伤

户外杂草丛生，是蛇虫蚂蚁出没最多的地方，如果不幸被蛇虫咬伤，首先应冷静观察伤口，判断是否有毒。我国的毒蛇种类较多，被不同种类的蛇咬伤，其表现病征有所不同，通常情况下，被有毒的蛇咬伤后会发生出冷汗、恶心、呕血、眼结膜出血等症状。

首先，为了防止毒液扩散，应在伤口附近 5~10 厘米处进行绑扎，防止静脉血和淋巴液回流，然后用手按压伤口周围将毒液排出，其次，用冷水对伤口处降温，降低毒素中酶的活力，同时，用生理盐水或肥皂水、清水冲洗伤口，在得到救援后，迅速就医。

三、户外运动注意事项

（1）要有危险意识，在初次步入大自然时，要怀有敬畏心态，不自大、不盲目在野外中从事任何没有把握的事情。

（2）按照团队安排的户外项目进行活动，不要擅自延展体能活动，以免体能不足，当遇到恶劣的自然环境时，引发潜在的病症。

（3）要具备基本的自救和求生技能，同时，能够熟练操作或使用一些基本的户外用具及技能，如指南针定位等。

（4）准备一定的紧急药物，很多在生活中被忽略或不常用的药物，在户外时往往能发挥到巨大的作用，比如一块巧克力或糖果，还有云南白药粉、十滴水、清凉油等。

（5）一旦确定参与户外活动，就要选择专业、安全的户外装备，以免在实际过程中因为装备问题导致危险事件出现。

参考文献

[1] 王崇喜. 球类运动——足球 [M]. 北京：高等教育出版社, 2005.

[2] 高松山. 篮球排球足球游戏 [M]. 北京：教育科学出版社, 2008.

[3] 朱国权. 篮球 [M]. 北京：北京师范大学出版社, 2007.

[4] 黄艳美. 现代体育与健康 [M]. 北京：清华大学出版社, 2009.

[5] 陆阿明，朱小龙. 科学健身运动指南 [M]. 苏州：苏州大学出版社, 2008.

[6] 黄晓灵，白智宏. 体育教学心理学 [M]. 重庆：西南师范大学出版社, 2006.

[7] 全国体育学院教材委员会. 学校体育学 [M]. 北京：人民体育大学出版社, 2000.

[8] 毛振明. 体育教学论 [M]. 北京：高等教育出版社, 2010.

[9] 周登嵩. 学校体育学 [M]. 北京：人民体育出版社, 2005.

[10] 龚坚. 现代体育教学论 [M]. 重庆：西南师范大学出版社, 2009.

[11] 潘绍伟，于可红. 学校体育学（第二版）[M]. 北京：高等教育出版社, 2008.

[12] 胡金平. 体育与健康新课程及教案评析 [M]. 北京：人民体育出版社, 2005.

[13] 佟晓东，刘铁. 体育教学设计与实践 [M]. 沈阳：东北大学出版社, 2009.

[14] 杜俊娟. 体育教学设计 [M]. 北京：北京体育大学出版社, 2007.

[15] 戴三育. 中小学体育与健康教材法 [M]. 北京：人民体育出版社, 2004.

[16] 于素梅，李志杰，朱红香. 中学体育教材教法 [M]. 北京：北京体育大学出版社, 1999.

[17] 全国体育学院教材委员会. 体育理论 [M]. 北京：人民体育出版社, 1999.

[18] 江百龙. 武术运动丛论 [M]. 武汉：湖北科学技术出版社, 2008.

[19] 张国强，贾丽萍，苏国英. 高校排球运动理论与实践 [M]. 吉林：东北林业大学出版社, 2008.

[20] 杨贵仁. 中国学校体育改革的理论与实践 [M]. 北京：高等教育出版社, 2006.

[21] 黄汉升，甘健辉. 排球 [M]. 南宁：广西师范大学出版社, 2006.

[22] 张瑞林，刘文春. 排球运动 [M]. 北京：高等教育出版社, 2005.

[23] 王洪. 健美操教程 [M]. 北京：人民体育出版社, 2008.

[24] 王京琼. 健美操教学与训练 [M]. 长沙：中南大学出版社, 2008.

[25] 张岚，田颖华. 健身健美操教程 [M]. 武汉：华中科技大学出版社, 2009.

[26] 张虹，刘智丽，党云辉，等 . 健美操 [M]. 北京：北京师范大学出版社 ,2008.

[27] 王艳 . 健美操实用技法解析 [M]. 西安：西安地图出版社 ,2009.

[28] 编委会 . 健美操 [M]. 北京：高等教育出版社 ,2009.

[29] 马鸿韬 . 健美操创编理论与实践 [M]. 北京：高等教育出版社 ,2004.

[30] 单亚萍 . 健美操教学与训练 [M]. 杭州：浙江大学出版社 ,2003.

[31] 杨忠令 . 现代网球教程 [M]. 杭州：浙江大学出版社 ,2011.

[32] 董杰 . 网球教程 [M]. 北京：高等教育出版社 ,2005.

[33] 张旭东 . 足球 [M]. 北京：北京体育大学出版社 ,2003.

[34] 毛振明 . 体育教学论 [M]. 北京：高等教育出版社 ,2005.

[35] 胡英清 . 学校体育教学改革与发展研究 [M]. 桂林：广西师范大学出版社 ,2003.